CHARLES LESCA (1887-1949)
AU SERVICE DE L'HISPANISME,
DU FASCISME
ET DE LA COLLABORATION

Collection « Inter-National »

*dirigée par Denis Rolland, Joëlle Chassin
Françoise Dekowski et Marie-Hélène Touzalin*

Cette collection a pour vocation de présenter les études les plus récentes sur les institutions, les politiques publiques et les forces politiques et culturelles à l'œuvre aujourd'hui. Au croisement des disciplines juridiques, des sciences politiques, des relations internationales, de l'histoire et de l'anthropologie, elle se propose, dans une perspective pluridisciplinaire, d'éclairer les enjeux de la scène mondiale et européenne.

Dernières parutions

Hervé BAUDU, *Les routes maritimes arctiques. Enjeux économiques et géopolitiques*, édition enrichie, 2024.
Nadji RAHMANIA (dir.), *La Roumanie dans l'Espace Schengen : réalité ou utopie ?*, 2024.
Bernard MOMMER, *Ressources naturelles et mondialisation : le pétrole et le Venezuela*, 2023.
Frans KRAJCBERG et Claude MOLLARD, *Le cri de la terre. De manifeste en manifeste,* 2023.
Odile DANIEL-TRAVAILLARD, *Mémoire d'Albanie. De la dictature stalinienne à la transition démocratique*, 2023.
Michel ROZE, *Dictionnaire raisonné de l'Europe. 200 mots-clés pour comprendre l'Europe*, 2023.
Edison FERREIRA DE MACÊDO, *Éducation et précarité. Les accompagnant(e)s scolaires des élèves handicapés. Brésil et France*, 2023.
Emmanuel PETOUD, *Le Lyon-Turin ferroviaire et l'aménagement du territoire : la consultation publique France-Italie*, 2023.
Barthélemy DESPRAIRIES, *Les drones aériens dans la guerre russo-ukrainienne. Missions, limites et enseignements (février-juillet 2022)*, 2023.
Cyrielle GUILBAUD, *La Lituanie et l'OSCE. Garantir la sécurité régionale et s'adapter aux menaces*, 2023.
Philippe MARCHESIN, Diana BANGOURA, *Afrique – Russie. Les raisons d'une comparaison*, 2023.
Catherine DURANDIN, *Ma Roumanie communiste*, 2023.

Darío Varela Fernández

CHARLES LESCA (1887-1949) AU SERVICE DE L'HISPANISME, DU FASCISME ET DE LA COLLABORATION

Préface de Manuelle Peloille

L'Harmattan

5-7, rue de l'École-Polytechnique, 75005 Paris

http://www.editions-harmattan.fr

ISBN : 978-2-336-44834-3
EAN : 9782336448343

À la mémoire de
tous ceux qui ont combattu le fascisme

« J'ai vu les démocraties intervenir contre à peu près tout, sauf contre les fascismes. »

André Malraux, *L'Espoir*, 1937.

« L'appétit de l'argent et l'indifférence aux choses de la grandeur avaient opéré en même temps pour donner à la France une presse qui, à de rares exceptions près, n'avait d'autre but que de grandir la puissance de quelques-uns et d'autre effet que d'avilir la moralité de tous. Il n'a donc pas été difficile à cette presse de devenir ce qu'elle a été de 1940 à 1944, c'est-à-dire la honte de ce pays. »

Albert Camus, « Critique de la nouvelle presse »
Combat, 31 août 1944.

« Le fascisme, c'est le mépris (…). Inversement, toute forme de mépris, si elle intervient en politique, prépare ou instaure le fascisme. »

Albert Camus, *L'Homme révolté*, 1951.

PRÉFACE

Cette biographie historique de Charles Lesca, dédiée « à la mémoire de tous ceux qui ont combattu le fascisme », nous plonge dans une part d'ombre de notre histoire, susceptible d'inspirer une vive répulsion *a priori*. Pour cette raison même, les historiens ont un devoir de regard dessus. Selon l'auteur, Darío Varela, la mémoire collective se souvient de *Je suis partout*. Pas de son pourvoyeur de fonds avant-guerre et directeur après 1943, Charles Lesca. Né en Argentine d'émigrés basques, c'est en France qu'il décrivit son parcours de publiciste mondain et de propagandiste de la collaboration la plus radicale avec l'Allemagne nazie, qui jamais ne renia son engagement. La mémoire collective, prompte à condamner depuis la confortable position de la postérité, n'envisage pas toujours qu'un tel personnage ait pu évoluer à son aise dans les cercles de l'hispanisme naissant, en tant que passeur culturel, de la génération de Valery Larbaud. La mémoire collective n'envisage pas plus les ressorts de la fascisation d'un individu.

La formation du jeune Charles Lesca tombe en pleine époque de promotion de l'idée latine. En fédérant les nations méditerranéennes et de l'Amérique hispanique et lusophone, en promouvant la dénomination « Amérique latine », la France effaçait, symboliquement parlant, les empreintes espagnole et portugaise sur l'histoire de l'Amérique. Depuis une doctrine maurrassienne, Lesca promut d'abord la latinité à travers des initiatives institutionnelles (Groupement des universités et des Grandes Écoles pour les relations avec l'Amérique Latine, *Revue de l'Amérique Latine*), pour ensuite l'utiliser au profit de thèses fascistes, antisémites, hostiles aux États-Unis, exposées dans *Le Front Latin* à partir de 1935. L'Amérique latine sert alors de justification, « l'Union Latine » de déguisement à ses idées. On voit se dessiner une utilisation politique de l'idée latine, non pas au service des intérêts stratégiques de la France, mais de la diffusion des thèses fascistes. Cette biographie de Charles Lesca est éclairante quant à leur circulation en Amérique, via des Français ou des Espagnols. Elle offre aussi des éléments de connaissance des relations entre fascistes français et espagnols, de leurs réseaux d'influence et de protection mutuelle, qui permirent par deux fois à Charles Lesca d'échapper à la justice et de ne pas répondre de son crime d'intelligence avec l'ennemi.

Son évolution peut faire penser à celle de l'un de ses contemporains, l'Espagnol Ernesto Giménez Caballero, dont la revue, *La Gaceta Literaria*, fut un creuset des avant-gardes espagnoles, pour se transformer, au début des années trente, en une tribune pour ses idées fascistes, dans la revue *El Robinsón Literario*. Tous les deux décrivent une évolution des milieux littéraires et académiques, ouverte à toutes les tendances, vers la défense d'idées politiques fascistes et, dans le cas de Lesca, férocement antisémites.

Les propos de Lesca sont un écho aux idées des Espagnols de son temps. En 1934, Ramiro de Maeztu définit la *raza* hispanique comme une communauté culturelle, de langue et de religion ; la même année, c'est en des termes similaires à ceux de Maeztu que Lesca dit des Philippins qu'ils sont « presque tous imprégnés de civilisation espagnole, professant la religion catholique et parlant l'espagnol » ; quand il célèbre l'immigration blanche à Cuba, il annonce les thèses d'Eloy Luis André dans *Españolismo* (1931), qui défend la régénération de la race indigène par la fécondation blanche.

Ce livre, dialoguant avec le *Triptyque argentin* de Jordi Bonells, permet de démêler au fil de l'histoire l'entrelacs de la face publique, de l'hispaniste cultivé, promoteur des relations entre la France et l'Amérique du Sud, reconnu par les premiers universitaires de l'Institut hispanique, comme Ernest Martinenche, avec la face du propagandiste, puis défenseur de la collaboration acharnée, qui échappa à toute poursuite tant en 1940 qu'à la fin de la Seconde Guerre mondiale, pour disparaître sur son continent de naissance, à Montevideo, face à son Argentine natale.

Manuelle Peloille,
Professeur, Université d'Angers

INTRODUCTION

Si le nom de Charles Lesca ne semble pas familier au premier regard, il est fort probable que vous ayez une image très précise de ce qui fut le journal antisémite et collaborationniste *Je suis partout*. L'homme et l'outil ont été ainsi dissociés de la mémoire collective, et rares sont ceux qui ont travaillé sur celui qui fut le dernier, et probablement le plus important, directeur de l'un des quotidiens réactionnaires les plus lus dans les années 1930-1940.

Fils d'un riche émigré basque aux Amériques, son parcours initiatique le mène à s'intéresser très rapidement à la vie quotidienne, la culture et l'actualité politique des républiques hispanophones d'outre-mer. Rapidement, et grâce à l'influence de sa famille, Lesca réussit à se placer auprès des élites parisiennes avides de tisser des liens profonds avec les Amériques tant sur le plan intellectuel que sur le plan économique. Un engagement qui ne sera jamais interrompu sauf pour accomplir son devoir patriotique pendant la Grande Guerre, épisode majeur qui enhardira son patriotisme et le rapprochera à son retour des cercles conservateurs.

Les années 1920 sont pour lui une décennie riche, qui marque son entrée dans le monde des lettres. Proche de *L'Action française* et de ses plus éminents membres, il s'engage dans la défense des valeurs réactionnaires tout en développant une facette publique plus aimable grâce à sa présence dans des revues hispanistes où il érige peu à peu une image de lui-même comme celle d'un médiateur entre la France et le monde américain. Grâce aux articles qu'il publie, aux charges qu'il occupe dans des institutions hispanistes françaises et à sa participation dans de nombreux actes publics et privés, il devient un acteur incontournable dans le Paris des Années folles.

Reconnu dans le monde des lettres, il est invité régulièrement à des événements mondains par des acteurs majeurs des lettres, tout en participant aussi à ceux organisés par les cercles les plus conservateurs. De la sorte, son prestige s'accroît et à la fin des années 1920 et au début des années 1930, il réussit à mêler savamment son engagement intellectuel et politique, participant à des événements pour la défense de l'idée d'un monde latin et publiant des articles sur l'actualité politique du monde américain avec un regard réactionnaire.

Les événements politiques de la décennie 1930 font que cet acteur, qui peut être considéré comme mineur jusqu'alors, décide de faire un pas en avant, ce qui le conduit à jouer un rôle politique de plus en plus important. Plus concrètement, il s'agit de la répercussion de deux épisodes majeurs de l'histoire sur sa trajectoire personnelle : la victoire du Front Populaire, et le début de la Guerre civile espagnole, en 1936.

Deux ans avant, après la crise du 6 février 1934, Lesca avait pris conscience de l'incapacité des milieux réactionnaires traditionnels français à changer la société ; c'est pourquoi il avait adhéré de plus en plus au fascisme. Cette nouvelle voie représente une nouvelle génération, admirative surtout du modèle italien et méfiante vis-à-vis des nationaux-socialistes allemands, et qui rêve d'une victoire de cette idéologie en France.

L'arrivée de Léon Blum au pouvoir en France et le soulèvement d'une partie de l'armée contre la République en Espagne ont été en quelque sorte les catalyseurs qui ont accéléré la radicalisation et l'envie d'engagement politique du Franco-Argentin. Dès lors, il va contribuer ouvertement à *L'Action française* et à *Je suis partout* avec des articles qui reflètent son antisémitisme, son antibolchevisme, son antiparlementarisme et son souhait de voir un régime fasciste naître en France pour contrer le phénomène de décadence que celle-ci, d'après lui, est en train de vivre.

C'est aussi en 1936 que Lesca, motivé par sa soif de changements politiques, accepte de devenir l'un des trois principaux actionnaires de *Je suis partout*, avant d'être nommé président du conseil du journal un an plus tard. Cette décision renforce son engagement et lui permettra de nouer des liens plus forts avec les principaux représentants français, dans divers milieux, différentes générations et dans les mouvances les plus réactionnaires.

Trois ans plus tard, alors qu'il se réjouit encore de la victoire des franquistes en Espagne, la Seconde Guerre mondiale éclate et le journaliste et homme de presse paie son activité propagandiste frénétique. Il est incarcéré avec d'autres collaborateurs et collègues considérés comme dangereux et à la solde de l'Allemagne. Son parcours de prisonnier, de camp en camp en pleine défaite sera, une fois libéré grâce à ses contacts bien placés près du nouveau pouvoir, un bon récit de « martyr » de la cause fasciste qui lui servira à gravir les échelons sous l'Occupation.

Fier et plus déterminé que jamais, Lesca s'accommode de la nouvelle situation en France et fait paraître de nouveau *Je suis partout* à Paris malgré les hésitations de certains de ses membres. Depuis cette tribune, il continue à livrer son avis sur l'actualité politique française tout en analysant les événements du monde hispanophone, centrant davantage ses articles sur l'Espagne, un pays voisin maintenant ami et qui sera loué régulièrement. Son engagement infaillible lui permet de côtoyer les cercles du pouvoir français et de participer à la vie politique de la période.

Au tournant de l'année 1943, poussé par son ambition personnelle et en désaccord avec la ligne politique du journal maintenue principalement par Robert Brasillach, il réussit à devenir le maître de l'hebdomadaire en se faisant nommer, non sans avoir livré bataille, directeur de *Je suis partout*.

Aussitôt qu'il possède le pouvoir absolu au sein de son journal, les pages de ce dernier deviennent de plus en plus violentes. Il n'y aura plus de place pour les articles modérés. Les journalistes les plus mordants, les plus engagés, auront les portes ouvertes, de même que les appels à la collaboration totale avec l'Allemagne commencent à se faire entendre de manière plus fréquente. Cette politique éditoriale sera assumée jusqu'au dernier numéro publié seulement peu de temps avant la libération de la ville de Paris.

Charles Lesca fuit la France et trouve refuge en Allemagne puis en Espagne, mais il ne renonce pas à ses convictions, bien loin de se confondre en excuses pour tout ce qu'il a fait. Il se justifie, arguant vouloir laisser un monde meilleur aux générations futures. Il affronte l'exil, mais se dit fier d'avoir laissé un monde où la victoire par la force et l'antisémitisme se seront banalisés.

En péninsule Ibérique, soutenu par l'Allemagne et par les autorités franquistes, il tâchera jour et nuit de faire évacuer le plus grand nombre de collaborateurs français et belges, leur fournissant tout ce dont ils auraient besoin pour traverser l'Atlantique et trouver refuge dans un pays prêt à les accueillir et à ne pas les inquiéter, à savoir l'Argentine. Bien qu'il réussisse à sauver de la justice ses anciens compagnons de lutte, Lesca n'est pas exempt de tout danger.

En 1946, le Franco-Argentin, sous une pression de plus en plus forte, décide de revenir lui-même au pays qui l'a vu naître. La traversée de l'Atlantique ne fut pourtant pas si simple que prévue, et Lesca doit échapper à la justice française qui commine le Brésil, puis l'Uruguay, de l'arrêter et de l'expatrier. Grâce à son réseau américain et à l'influence de sa famille, il réussit de manière rocambolesque à échapper par deux fois aux autorités de ces pays et à rejoindre l'Argentine de Juan Domingo Perón.

À Buenos Aires, il aide quelques collaborateurs à échapper à la justice et tente même de faire renaître des projets journalistiques fascistes, entouré de la nostalgie que lui procure les cercles d'exilés qu'il fréquente mais le monde a changé et il doit se contenter de mener une vie paisible en attendant la mort.

Le parcours de Charles Lesca se révèle ainsi d'un grand intérêt pour mieux appréhender l'histoire culturelle et politique de la France du début du XXe siècle. À travers le récit de sa vie, nous en apprenons davantage sur l'histoire de la presse française et sur les réseaux réactionnaires liés au dernier directeur de *Je suis partout*.

Chapitre I
Un homme passionné par ses racines (1887-1932)

Origines familiales et naissance

Charles Lesca naît le 19 février 1887 à Buenos Aires[1] au sein d'une famille aisée. Son père, Jacques-Hippolyte Lesca (1853-1938), né à Anglet et fils d'un agent douanier, part chercher fortune aux Amériques dans la décennie 1870[2], après avoir acquis une expérience commerciale auprès d'Edmond Foy[3]. En 1880, il s'installe à Concordia (Argentine) où il possède un magasin de fournitures générales. Quelques années plus tard, en 1884, il épouse à Salto (Uruguay), Magdalena Saralegui (1865-1931), une jeune femme riche, héritière de l'éleveur Vicente Saralegui[4]. Un an plus tard, il achète avec trois associés une usine de traitement de la viande par salaison à Concordia, le *Saladero Grande*. Cette usine florissante fera la fortune de la famille, qui voit ses rentrées économiques assurées grâce à un accord commercial avec l'État français pour sept millions de kilos de viande en boîtes de conserve[5].

En conséquence, le fils unique de Jacques-Hippolyte et Magdalena vient à naître dans la capitale argentine dans un cadre d'abondance matérielle et économique. Charles Lesca possède alors la double nationalité française et argentine, ce qui a son importance car bien des années plus tard, son patriotisme sera

---

[1] François BROCHE, *Dictionnaire de la Collaboration. Collaboration, compromissions, contradictions*, Paris, Belin, 2014, p. 581.

[2] Association des Amis du Musée de Guéthary, *Saraleguinea ou les trois vies de J.-H. Lesca*, Bulletin du Musée Basque, Hors-Série, septembre 2008, p. 11-12.

[3] Négociant en tissus, président de la Chambre de commerce de Bayonne et chevalier de la Légion d'honneur (1892).

[4] *Saraleguinea…*, *op. cit.*, p. 15.

[5] *Ibid.*, p. 16.

matière à débat. Il est Français puisqu'il est le fils d'un ressortissant possédant cette nationalité, et Argentin par le droit du sol qui est en vigueur et institué par la *Ley de ciudadanía* de 1869[1]. Son lieu de naissance et ses premières années de vie, ainsi que ses liens familiaux, viennent donc expliquer son intérêt, tout au long de sa carrière, pour la situation du continent américain.

À l'âge de six ans, la famille s'installe définitivement en France, où le fils effectue ses études[2]. Il vit entre Biarritz et Paris (120 Av. Champs Élysées, 84 boulevard de Courcelles) jusqu'en 1908, puis entre la capitale et Guéthary, où Jacques-Hippolyte décide de s'installer définitivement après avoir vendu son entreprise un an plus tôt aux frères Dickinson[3]. Profitant de ses origines et des réseaux de sa famille parmi les élites françaises, Charles Lesca réussit, en qualité d'étudiant, à se placer auprès du *Groupement des universités et des grandes écoles de France pour les relations avec l'Amérique latine* (fondé en 1908)[4].

Hispaniste en herbe pour le Groupement

L'année 1909 marque la première fois où le nom de Charles Lesca est mentionné dans la presse. Il est cité dans un article d'actualité en qualité de représentant de la Faculté des Lettres de Paris pour incarner, avec quatre autres personnes de filières différentes, le *Groupement des universités et grandes écoles françaises* au Congrès des étudiants brésiliens qui aura lieu à Rio de Janeiro le 12 juillet. Une mission qui se veut « destinée à resserrer les liens qui unissent les Universités brésiliennes à l'Université de France »[5].

---

[1] Ley 346/1869. Título 1° — De los Argentinos. Art. 1°. Son argentinos: 1° Todos los individuos nacidos, ó que nazcan en el territorio de la República Argentina, sea cual fuere la nacionalidad de sus padres…

[2] « Réponse au juif Lévy », *Je suis partout,* 21 octobre 1938, p. 3.

[3] *Saraleguinea…, op. cit.*, p. 16.

[4] Mona HUERTA, « Un médiateur efficace pour la coopération scientifique française : le groupement des universités et des grandes écoles de France pour les relations avec l'Amérique latine », in *Encuentros de Latinoamericanistas Españoles (12.2006, Santander): Viejas y nuevas alianzas entre América Latina y España,* España, CEEIB, 2006, p. 792-803.

[5] « ÉCHOS », *Journal des débats politiques et littéraires*, 11 juin 1909, p. 2.

Cette première mention publique dans les médias nationaux sera la première d'une longue série sur plus de 30 ans. Au-delà du fait que c'est la première fois que son nom est imprimé à l'encre noire, elle nous apporte un élément essentiel pour comprendre le parcours de Lesca : son association et sa contribution au *Groupement* dès sa création. C'est au sein de ce groupement qu'il tissera des liens étroits avec des hommes de lettres, européens comme américains, et des universitaires. De même, cette plateforme lui permettra de participer à plusieurs missions universitaires françaises aux Amériques, créant ainsi son propre réseau et sa renommée de l'autre côté de l'Atlantique.

C'est à cette période que Charles Lesca fait la connaissance du professeur Ernest Martinenche (1869-1941)[1]. Ce dernier, fondateur de l'hispanisme en Sorbonne jouera un rôle clé dans la genèse et la structuration de l'hispanisme parisien et français du XXe siècle, grâce à son investissement et ses fonctions : inspecteur général de l'Instruction publique, professeur de littératures hispaniques, fondateur de l'Institut d'Études hispaniques de Paris, directeur de *La Revue de l'Amérique Latine*...

La rencontre entre les deux hommes s'avère décisive dans le parcours de Lesca qui bénéficie de la complicité de l'universitaire dans différents projets dans les décennies à venir. Leur lien, qui deviendra une amitié, se noue en 1909, au moment où Martinenche est secrétaire général du *Groupement des universités et grandes écoles françaises pour les relations avec l'Amérique Latine*[2]. Assez rapidement, Charles Lesca devient le bras droit de l'universitaire et l'accompagne dans une mission qui commence en juillet 1910 dans différents pays latino-américains : Brésil, Uruguay, Argentine, Chili, Pérou, Panama, Mexique et Cuba[3].

Il est intéressant de mettre en avant, en particulier, leur séjour à Lima et ce, pour plusieurs raisons. D'abord, parce que Martinenche et Lesca se réunissent avec l'homme politique et

---

[1] Darío VARELA FERNANDEZ, « Ernest Martinenche y su red de intelectuales : construcción del hispanismo francés », *Iberic@l*, n° 15, 2019, p. 59-68.

[2] Mona HUERTA, « Un médiateur efficace... », *op. cit.*, p. 793-794.

[3] *Hommage à Ernest Martinenche. Études hispaniques et américaines*, Paris, Éditions d'Artrey, 1939.

historien réactionnaire José de la Riva-Agüero y Osma (1885-1944)[1] grâce à la médiation de l'écrivain Ventura García Calderón (1886-1959)[2]. Ce dernier travaillera avec les missionnés français dans les années 1920 au sein de *La Revue de l'Amérique Latine*. Ensuite, Lesca et Riva-Agüero entretiendront des échanges épistolaires réguliers, notamment pour la période 1935-1944[3]. Enfin, nous pouvons signaler la proximité idéologique entre Lesca, Martinenche et Riva-Agüero, les deux premiers traditionalistes maurrassiens et le dernier, influencé par ce courant de pensée[4].

Ernest Martinenche trouve en la personne du jeune Lesca non seulement un fidèle collaborateur mais un homme qui l'aide à ouvrir des portes dans le monde latino-américain, proche idéologiquement et issu d'une famille fortunée prête à s'investir économiquement dans de futurs projets bénéficiant au rayonnement de l'hispanisme.

L'amitié entre les deux hommes et l'investissement personnel de Lesca s'avéreront payants et le jeune homme se verra confier, en 1914, la tâche de conservateur de la bibliothèque du *Groupement*[5]. Cette charge est octroyée par Martinenche qui le place à la direction de ce qui est considéré comme « un centre d'études latino-américaines unique à Paris », lui permettant d'accroître sa notoriété dans les milieux universitaires et lettrés, et de développer son propre réseau. Il entre ainsi en contact avec de nombreuses personnalités américaines : le président mexicain Francisco León de la Barra (1863-1939), le ministre chilien Federico Puga Borne (1855-1935), le diplomate costaricien Manuel María de Peralta y Alfaro (1847-1930), l'écrivain mexicain Alfonso Reyes (1889-1959)[6]...

---

[1] Victor Samuel RIVERA, « El Marqués de Montealegre de Aulestia : Hermeneuta de la contrarrevolución », *Solar*, n° 4, 2008, p. 103-137.

[2] Nancy Sloan GOLDBERG, « Rereading Ventura García Calderón », *Hispania*, vol. 97, n° 2, 2014, p. 220-232.

[3] Victor Samuel RIVERA, « Charles Maurras et Montealegre. Un marquis péruvien face aux Empires (1913-1914) », *La Rivista, Società Italiana di Filosofia Politica*, 2011, p. 14.

[4] *Ibidem*

[5] « À Paris », *Le Figaro*, 12 février 1914, p. 3.

[6] « À Paris », *Le Figaro*, 9 juin 1914, p. 3.

L'ascension et l'insertion de Lesca dans ces milieux paraissent imparables mais la Grande Guerre[1] éclate en août 1914 et dans un élan patriotique, il s'engage comme volontaire et il servira comme lieutenant au 20e corps de la VIe armée[2] pendant cinq ans[3]. Cette expérience guerrière, qui exacerbe son nationalisme, sera aussi l'occasion pour lui de développer des liens d'amitié profonds avec des compagnons d'armes, comme l'historien Jean Maubourguet (1895-1978)[4] dans l'armée d'Orient[5]. Proches idéologiquement, ils garderont des liens profonds tout au long de leur vie. Pour preuve, le fait que Claude Maubourguet (1921-2012)[6], fils de ce dernier, collaborateur et milicien pendant la Seconde Guerre mondiale, sera le filleul et protégé de Charles Lesca.

Premiers pas dans le monde de la presse et des lettres

Au retour de la guerre, en 1919, Charles Lesca semble prêt à s'engager davantage dans la défense de ses idéaux et, pour ce faire, il devient administrateur de l'imprimerie de l'*Action française*[7]. Ce choix, au-delà de marquer le début d'une longue amitié entre lui et Charles Maurras (1868-1952)[8], avec qui il entretiendra par ailleurs une correspondance active[9], lui ouvre les portes de milieux royalistes, conservateurs et réactionnaires qui gravitent autour de la publication du fondateur du nationalisme intégral. La guerre renforce le sentiment anti-allemand,

---

[1] André LOEZ, *La Grande Guerre*, Paris, Éditions La Découverte, 2010.
[2] Jordi BONNELLS, *Triptyque argentin*, Paris, Bouquins, 2021, p. 40.
[3] François BROCHE, *Dictionnaire de la Collaboration…*, *op. cit.*, p. 581.
[4] Jean-Jacques GILLOT, « Deux historiens de Cadouin bien dissemblables : J. Signala et J. Maubourguet », *Quelques écrivains autour de Cadouin. 26e colloque des Amis de Cadouin (10 août 2019)*, p. 6-13.
[5] Charles LESCA, *Quand Israël se venge*, Paris, Grasset, 1941, p. 110-111.
[6] François BROCHE, *Dictionnaire de la Collaboration…*, *op. cit.*, p. 625.
[7] François BROCHE, *Dictionnaire de la Collaboration…*, *op. cit.*, p. 582.
[8] Olivier DARD, *Charles Maurras. Le maître et l'action*, Paris, Armand Colin, 2013.
[9] Archives nationales (Paris). Fonds Charles Maurras. 576AP/1-576AP/302. 576AP/184 : correspondance reçue : Charles Lesca.

nationaliste et antisémite de Lesca et véhiculé fortement par l'*Action française*[1].

Loin de se contenter de gérer et promouvoir cette entreprise réactionnaire, il contribue aussi économiquement à la réussite de celle-ci, comme nous le prouvent ses versements réguliers et publics[2] de 300 francs en moyenne[3] à partir de l'année 1920.

Par son travail et son argent, Charles Lesca contribue ainsi à la puissance du journal qui connaît une période d'essor tant par sa puissance de propagande que par son influence sur la politique parlementaire de la IIIe République. Les élections de 1919 ont vu affluer des députés proches des idées maurrassiennes dont le plus célèbre fut Léon Daudet (1867-1942)[4], figure de proue de l'*Action française*. Ce dernier, avec une vingtaine de députés très présents dans les commissions sur le désarmement de l'Allemagne, les réparations de guerre et autres questions sur la politique étrangère, tout en décriant le danger du bolchevisme à l'intérieur du pays, réussissent à peser sur la première législature d'après-guerre[5].

Il est intéressant de signaler que les actions de Charles Lesca sont probablement soutenues par son père, du même avis politique que son fils et bien inséré dans les cercles réactionnaires, à tel point que cela lui vaudra, à cette même période, l'ouverture d'une enquête de la Sûreté nationale[6].

En même temps qu'il fait ses premiers pas dans le monde de la presse au retour du front, il renoue avec son engagement pour

---

[1] Laurent JOLY, « D'une guerre l'autre. L'Action française et les Juifs, de l'Union sacrée à la Révolution nationale (1914-1944) », *Revue d'histoire moderne et contemporaine*, n° 59-4, 2012, p. 106.

[2] « Les Troisième et Quatrième Millions de l'Action française – Pour la reconstitution nationale – Total souscrit à ce jour : 227 974 fr. », *L'Action française*, 11 juillet 1920, p. 1 ; « Les 3e et 4e Millions de l'Action française – (Fin de la 50e liste) », *L'Action française*, 26 novembre 1920, p. 2.

[3] 304 euros actuels (INSEE)

[4] François BROCHE, *Léon Daudet. Le dernier imprécateur*, Paris, Robert Laffont, 1992.

[5] Jean GARRIGUES, « Le moment parlementaire de l'Action française : 1919-1924 », *in* Michel LEYMARIE, Jacques PREVOTAT, *L'Action française : culture, société, politique*, Villeneuve-d'Ascq, Presses universitaires du Septentrion, 2008, p. 243-253.

[6] Archives nationales (Paris). Intérieur. Fichier central de la Sûreté nationale : dossiers individuels de LEF à LEX. 19 940 459/223. Dossier n° 20255 : LESCA, Jacques Hippolyte (1921).

faire découvrir le monde hispanique au public français. Preuve de cela, sa traduction en français en 1920 de l'ouvrage *Arte, estética, ideal* (1912)[1], de l'artiste et homme politique uruguayen Pedro Figari (1861-1938)[2]. Il reprend aussi son activité mondaine, participant à des événements qui mettent à l'honneur les hommes de lettres latino-américains[3] et surtout, il renoue sa collaboration avec un vieil ami, Ernest Martinenche.

Une certaine idée de la latinité

En 1921, est inauguré, dans les jardins du Palais-Royal de Paris, un monument dédié au Génie latin en présence de représentants des pays latins (Italie, Espagne, Roumanie, Argentine, Cuba…) et des autorités françaises, parmi lesquelles le président de la République, Alexandre Millerand (1859-1943). La statue du sculpteur Jean Magrou (1869-1945), qui regroupe les élites lettrées et politiques, européennes comme américaines, s'inscrit dans le projet français de politique culturelle visant à regrouper la « civilisation latine » autour de la France afin que cette dernière exerce aisément son influence culturelle, économique et diplomatique[4] sur le monde « latin ».

Cet événement, qui fut une réussite diplomatique et une mise en scène de la communauté latine, compte aussi avec la présence de Charles Lesca et Ernest Martinenche, qui sont présentés aux yeux du grand public dans la presse comme les promoteurs de cette idée[5]. Ceci vient nous prouver que ces deux hommes ne sont pas seulement convaincus par l'idée d'un rapprochement entre la France et les pays hispanophones au plan de vue intellectuel mais

---

[1] « Nouveaux livres déposés à La Revue mondiale », *La Revue mondiale*, 1er juillet 1920, p. 8.

[2] Antonio ROMANO, Inés MORENO (coord.), *Pedro Figari: Presente de una utopía*, Montevideo, Universidad de la República, 2016.

[3] « Les mondanités – Dans les cercles », *Le Gaulois*, 9 mai 1921, p. 2.

[4] Denis ROLLAND, Lorenzo DELGADO, Eduardo GONZALEZ, Antonio NIÑO, Miguel RODRIGUEZ, *L'Espagne, la France et l'Amérique latine. Politiques culturelles, propagandes et relations internationales, XXe siècle*, Paris, L'Harmattan, 2001, p. 49, 74-75.

[5] « Un don des nations latines – Le monument « Au Génie latin » a été inauguré ce matin », *La Patrie*, 12 juillet 1921, p. 1.

aussi qu'ils adhérent à une vision du monde qui croit en une civilisation latine où la France aurait un rôle de leader. Une pensée en syntonie avec leurs convictions politiques proches de Maurras, qui disait lui-même :

> Pour débattre leurs intérêts, les peuples animés d'une certaine communauté d'esprit se comprennent plus facilement que les autres, et c'est un principe d'union. Que nos amis espagnols nous le pardonnent donc, comme à des frères de civilisation et d'éducation : nous aspirons à faire disparaître nos dissidences et à remplacer la défiance par l'amitié. Mais le problème pour être bien saisi doit être posé largement. Supposons qu'il soit résolu : ne parlons pas d'Espagne, ni d'Amérique, ni de France. Parlons du monde latin comme d'un même corps à organiser[1].

Cette vision portée par Lesca et Martinenche, appliquée à leurs différents projets dans l'entre-deux-guerres, est très importante car elle marquera aussi l*e Groupement des Universités et Grandes Écoles pour les relations avec l'Amérique Latine* sur le long terme, comme l'indique un rapport de 1958 :

> Ils ont voulu en somme, organiser une collaboration permanente, entre la France et l'Amérique Latine, pour l'essor d'une commune civilisation latine, dans cette Amérique, fille de l'Espagne et du Portugal, éduquée par la France, surtout, au XIXe siècle, mais qui cherchait au XXe siècle de nouvelles inspirations en Amérique ou en Europe[2].

En 1922, Martinenche et Lesca prennent une décision qui aura une plus grande répercussion que leurs initiatives précédentes, ils fondent la *Revue de l'Amérique Latine* (1922-1932)[3], résultat de la fusion du *Bulletin de l'Amérique latine* et d'*Hispania*[4]. Publication

---

[1] Marius ANDRE, *La fin de l'Empire espagnol d'Amérique (préface de Charles Maurras)*, Paris, Nouvelle Librairie Nationale, 1922, p. 6.

[2] Archives nationales (Paris). Archives de l'Université de Paris. Faculté des Lettres. Série AJ16 – AJ/16/6960 : Groupement des universités et grandes écoles de France pour les relations avec l'Amérique latine – Le cinquantenaire du Groupement des Universités et Grandes Écoles de France pour les relations avec l'Amérique latine, Bulletin n° 1, octobre 1957, p. 2.

[3] Adriana BERCHENKO, « La Revue de l'Amérique latine dans les années 1920 », *América Cahiers du CRICCAL*, n° 4-5, 1990, p. 21-26.

[4] Jean-Claude VILLEGAS, *Paris, capitale littéraire de l'Amérique latine*, Dijon, Éditions universitaires de Dijon, 2007, p. 165.

mensuelle dirigée par Ernest Martinenche et qui compte pour rédacteurs en chef Charles Lesca et Ventura García Calderón[1].

La revue, conçue comme un organe de diffusion des actualités politiques, culturelles et économiques obtient la collaboration de nombreux hommes de lettre de renom : Jean Cassou (1897-1986), Valery Laurbaud (1881-1957), Gabriela Mistral (1889-1957), José Ortega y Gasset (1883-1955), Charles Maurras, Jules Supervielle (1884-1960)…

La langue de cette publication est le français, choix défendu par Martinenche, considérant que la France avait plus besoin de connaître les pays latino-américains que l'inverse. Ceci aurait permis à des auteurs français spécialistes des études des pays hispano-américains d'avoir un espace, à en croire Charles Lesca :

> *La Revue de l'Amérique Latine* eut (…) la collaboration d'écrivains français qui, sans elle, n'auraient probablement pas écrit les pages qu'ils lui donnèrent, les uns américanistes, parce qu'ils n'auraient pas trouvé de tribune pour les accueillir, les autres parce que la revue fut l'excitant qui les poussa à se pencher sur l'Amérique latine[2].

L'engagement de Lesca dans cette entreprise est importante en ce qui concerne la gestion de celle-ci, mais nous pouvons indiquer qu'il fut plus discret en ce qui concerne sa participation directe en qualité de collaborateur. Seulement quatre articles, portant sur la situation de la presse en Amérique latine[3], les peintures de Pedro Figari[4] et l'influence de Francisco García Calderón dans l'Europe de son temps[5] sont signés de son nom pour la période d'activité de la revue.

Ancré à présent dans le monde de la presse politique et culturelle, Lesca se présente auprès des élites comme un érudit

---

[1] « Arts et lettres – L'Amérique latine », *L'Homme libre,* 3 janvier 1922, p. 3.

[2] *Hommage à Ernest Martinenche. Études hispaniques et américaines*, Paris, Éditions d'Artrey, 1939.

[3] Charles LESCA, « Variétés : Le IIe Congrès de la Presse latine », *Revue de l'Amérique latine*, t. 7, n° 28, 1924 ; C. LESCA, « Au VIIe Congrès de la Presse latine : Impressions cubaines », *Revue de l'Amérique latine*, t. 15, n° 77, 1928.

[4] C. LESCA, « La Vie artistique : Pedro Figari, peintre uruguayen », *Revue de l'Amérique latine*, t. 5, n° 18, 1923.

[5] C. LESCA, « La vie littéraire : Francisco García Calderón et l'Europe d'aujourd'hui », *Revue de l'Amérique latine*, t. 19, n° 99, 1930.

exerçant un rôle de passeur culturel[1] entre la France et les Amériques. Il promeut cette image aussi bien par sa présence constante lors d'événements culturels et scientifiques liés au monde américain[2] que par ses prises de parole et ses conférences portant sur des pays latino-américains comme l'Uruguay[3].

Son engagement à la *Revue de l'Amérique Latine* et l'image qu'il projette de sa personne permettent à Lesca, par exemple, d'être invité au IIe congrès de la presse latine organisé en mars 1924 à Lisbonne[4]. Cet événement, présidé par le président de la République portugaise, Manuel Teixeira Gomes (1862-1941), est le deuxième de ce genre[5]. Aux origines de ces réunions annuelles se trouvent le Portugais Augusto de Castro (1883-1971), fameux publiciste du *Estado Novo*[6], et le journaliste réactionnaire de nationalité belge Maurice de Waleffe (1874-1946), directeur de *Paris-Midi* pour la période 1911-1944. Leur idée est de réunir tous les médias des pays latins afin de contrer l'influence anglo-saxonne qui est vue comme une menace[7]. Le premier congrès, réuni à Lyon en 1923, et accueilli par l'homme politique Édouard Herriot (1872-1957)[8] posa les fondements de ce type d'événements qui auront lieu pendant dix ans consécutifs et auxquels Charles Lesca sera toujours convié. Il entre ainsi dans un nouveau réseau culturel teinté de conservatisme.

À son retour en France, Lesca continue pendant des mois son rythme de vie sociale soutenu, présent en 1925 à des événements comme les déjeuners du cercle Paris-Amérique-latine[9], des

---

[1] Diana COOPER-RICHET, Jean-Yves MOLLIER, Ahmed SILEM (dir.), *Passeurs culturels dans le monde des médias et de l'édition en Europe (XIXe et XXe siècles)*, Villeurbanne, Presses de l'ENSSIB, 2005.

[2] « Académie internationale des Beaux-Arts », *Le Figaro*, 4 juillet 1923, p. 4.

[3] « Partout et Ailleurs », *Comœdia*, 3 février 1923, p. 3.

[4] « Comœdia au Portugal – Colloque latin dans les jardins d'Academus », *Comœedia*, 11 mars 1924, p. 1.

[5] Maurice de WALEFFE, « Dix Congrès de Presse latine », *Revue des Deux Mondes*, vol. 60, n° 4, 1930, p. 880.

[6] Luís REIS TORGAL, « L'État Nouveau portugais. Esquisse d'interprétation », *Pôle Sud*, n° 22, 2005, p. 39-48.

[7] Pierre LOPEZ, « Encuentros y desencuentros de la cultura francesa en el campo literario ecuatoriano de los años 1920-1930 », *Cahiers d'études romanes*, n° 32, 2016, p. 43-55.

[8] Maurice de WALEFFE, « Dix Congrès… », *op. cit.*, p. 877-878.

[9] « L'Amérique latine – Équateur », *Le Gaulois*, 21 juin 1925, p. 2.

commémorations comme l'inauguration d'une plaque dédiée à l'écrivain équatorien Juan Montalvo[1] ou le monument en l'honneur de José Maria de Heredia au jardin du Luxembourg[2]. Autant d'occasions pour entretenir et élargir son réseau chez les diplomates et hommes de lettres français et américains (Luis Martins de Souza Dantas, Gonzalo Zaldumbide, Auguste Dorchain, Georges Lecomte, José Ingenieros…). Mais sans aucun doute, le plus grand événement de l'année fut le dîner-hommage organisé par la *Revue de l'Amérique latine* consacré à Alfonso Reyes et qui réunit plus de cent cinquante personnes[3].

Lesca, organisateur, a de la sorte, à portée de main, un vaste carnet d'adresses des élites françaises, et surtout latino-américaines grâce à ce type d'événements qui reflète une époque où Paris est véritablement le centre névralgique culturel et littéraire de l'Amérique latine[4].

Son réseau continue à s'agrandir et ses liens se renforcent grâce à sa participation à des réceptions organisées par des pays, comme Cuba[5], ou bien par des institutions et associations professionnelles telles que les Congrès de la Presse Latine, tenus chaque année dans un pays différent[6].

Un moment important dans l'évolution de la carrière de Charles Lesca correspond aux deux années 1926-1927, quand il devient officiellement co-directeur de la *Revue de l'Amérique Latine* avec Ernest Martinenche[7] puis directeur unique[8]. Ce poste lui sert de tremplin et provoque une nette augmentation d'événements auxquels il sera convié les années suivantes : présidence de débats sur l'Amérique contemporaine[9], discours

---

[1] « La vida latino-americana », *The Chicago Tribune and the Daily News New York*, 3 juillet 1925, p. 3.

[2] « La vie qui passe – À la mémoire de José Maria de Heredia. L'inauguration du monument élevé à l'auteur des « Trophées » », *Le Gaulois*, 18 octobre 1925, p. 1.

[3] « L'Amérique latine – Mexique », *Le Gaulois*, 13 mars 1925, p. 2.

[4] Jean-Claude VILLEGAS, *Paris, capitale littéraire…*, *op. cit.*, p. 54-55.

[5] « L'Amérique latine – Cuba », *Le Gaulois*, 22 mai 1926, p. 2.

[6] « L'activité à Paris de la pensée latine. De nombreux journaux et revues en attestent l'importance », *Le Petit Journal*, 29 août 1926, p. 4.

[7] *Ibidem.*

[8] « Amérique et Amérique », *L'Avenir*, 1er mars 1927, p. 2.

[9] *Ibidem.*

honoraires[1], banquets[2] et conférences[3]. Il est intéressant de mettre en avant le fait que beaucoup d'actions qu'il mène mélangent parfaitement son intérêt pour les Amériques et son idéologie réactionnaire. Nous pouvons signaler, à titre d'exemple, sa présence au premier banquet des *Cahiers d'Occident* (1926-1930)[4], sous la présidence de l'écrivain nationaliste Henri Massis (1886-1970)[5], sa présidence d'un débat organisé par le groupement *La Renaissance Latine,* où l'on trouve comme orateur le parlementaire d'extrême-droite Xavier Vallat (1891-1972)[6], et surtout, la conférence qu'il donne lui-même, intitulée *Les idées françaises en Amérique latine*, dans les locaux d'une section de l'*Action française*[7]. En somme, il vit pleinement son double engagement intellectuel et politique.

La renommée de Charles Lesca se développe au point d'être considéré officiellement, en février 1928, membre de plein droit de la société française des américanistes[8]. Ce même mois, il est présenté comme correspondant et représentant de *Comœdia* (1907-1944) au Congrès de la Presse Latine qui aura lieu à La Havane, en raison du fait qu'il est un « spécialiste des questions concernant l'Amérique Centrale, très versé dans sa littérature, son art et ses mœurs »[9]. Il ne fait donc aucun doute que Lesca a réussi à se forger une image publique très positive à son égard.

Deux articles de Lesca publiés par ce journal, à son retour de Cuba, sont dignes de mention tellement ils sont imprégnés par ses convictions politiques. Le premier, publié le 4 février 1928,

---

[1] « La vida latino-americana », *The Chicago Tribune and the Daily News New York*, 9 avril 1927, p. 2.

[2] « L'Amérique latine – Argentine », *Le Gaulois*, 30 octobre 1927, p. 3 ; « Courrier des lettres », *Le Gaulois*, 26 novembre 1927, p. 4.

[3] « Ligue d'Action française », *L'Action française*, 4 mars 1927, p. 3.

[4] Revue royaliste proche des idées défendues par Charles Maurras, Jacques Bainville et Henri Massis.

[5] « Petit Mémorial des Lettres », *Paris-soir*, 30 mai 1927, p. 2.

[6] « Un débat sur le conflit des deux Amériques », *La Dépêche coloniale*, 2 mars 1927, p. 2.

[7] « Ligue d'Action française », *L'Action française,* 4 mars 1927, p. 3.

[8] « Membres de la Société des américanistes », *Journal de la Société des Américanistes*, t. 21, n° 2, p. XVI.

[9] « La Presse latine tiendra à Cuba son septième congrès », *Comœdia*, 20 février 1928, p. 1.

verse sur la géographie, l'histoire et l'actualité de l'île. Évoquant le désir du gouvernement du président Machado de « maintenir et développer la prédominance de l'élément blanc »[1], Lesca réussit à placer un éloge de la dictature espagnole :

> C'est l'immigration espagnole qu'il recherche par-dessus tout. Malheureusement pour Cuba, cette immigration est en décroissance. Naguère encore, 40.000 Espagnols débarquaient, bon an mal an, dans l'île. Ce chiffre s'est réduit depuis quelques années et est tombé à 20.000. Encore une preuve que la vie n'est pas trop mauvaise dans l'Espagne du général Primo de Rivera[2].

Deux jours après la parution de l'article cité, après avoir rendu hommage à la figure de Maurice de Waleffe, et détaillant le déroulement du congrès, le journaliste franco-argentin place finement des propos de nature antiparlementariste dans ses commentaires :

> Pourquoi cacher qu'au sein même du congrès, nous avons trouvé dans l'esprit de certains confrères de l'Amérique latine certaines réticences, certaine méfiance ? Cela nous valut deux séances assez orageuses. Les Latins d'Amérique ont le verbe haut et facile, l'éloquence chaude et qui s'extériorise dans les gestes. Il n'en faut pas beaucoup non plus aux Latins d'Europe pour s'échauffer. Ce fut un beau vacarme, digne du mieux tenu des Parlements[3].

Au-delà de ses commentaires politiques, son travail sera reconnu et la presse le présente non seulement comme un spécialiste, mais véritablement comme un acteur clé lors de cette rencontre internationale, louant ses capacités de traduction qui auraient sauvé la bonne tenue des discussions[4], ainsi que son travail acharné et de grand intérêt pour la France[5].

Fort de cette aura de grand spécialiste et de son poste de directeur, il organise dès l'été et au nom de la *Revue de*

---

[1] « Dix jours à La Havane – Par Charles Lesca », *Comœdia*, 4 avril 1928, p. 1.

[2] *Ibidem.*

[3] « La France a le devoir de se faire mieux connaître – Par Charles Lesca », *Comœdia*, 6 avril 1928, p. 1.

[4] « La Presse latine à La Havane », *L'Intransigeant*, 1er avril 1928, p. 5.

[5] « Au VIIe Congrès de la Presse latine – Des écrivains sous les tropiques », *L'Action française*, 7 avril 1928, p. 1-2.

l'Amérique latine, un banquet en l'honneur de trois diplomates latino-américains, les ministres plénipotentiaires de l'Argentine, du Salvador et de l'Équateur[1]. L'inscription à l'événement se fait au 84 boulevard de Courcelles à Paris, autrement dit, chez Charles Lesca. Une occasion de plus pour étoffer et conserver son réseau personnel[2].

Il n'hésitera pas, par ailleurs, à faire usage de ses connaissances parmi les élites pour organiser, avec son père[3], le 8 février 1929, une fête basque au théâtre des Champs-Élysées[4]. Les femmes des ambassadeurs argentin et chilien ainsi qu'une bonne délégation de personnes influentes des deux rives de l'Atlantique seront présentes à ce tribut public rendu à la culture basque [5]. Cet événement rend hommage aux racines des Lesca en même temps qu'il vise à louer une vision conservatrice et traditionnelle des traditions basques.

Précisément, cette même année nous retrouvons l'influence du père de Charles, Jacques-Hippolyte Lesca, dans le monde de l'hispanisme où son fils possède une certaine notoriété. Le 29 mai 1929 est inauguré, rue Gay-Lussac, l'Institut d'Études Hispaniques de Paris[6], institution financée, en partie, par ce dernier, ce qui lui vaut d'être cité sur la plaque commémorative des donateurs à l'entrée du bâtiment, encore visible de nos jours.

Tout en participant à ces initiatives présentées en grande pompe, Charles Lesca continue à mener une vie mondaine : dîners avec des membres de la communauté scientifique française[7], participation à des comités artistiques[8], fêtes

---

[1] « Informations – En l'honneur de trois diplomates de l'Amérique latine », *L'Action française*, 1er juillet 1928, p. 2.

[2] Voir annexe n° 2 : Liste des personnes faisant partie du réseau de Charles Lesca.

[3] *Saraleguinea…*, *op. cit.*, p. 53.

[4] « Bayonne – Une manifestation basque au théâtre des Champs-Élysées à Paris », *La Gazette de Biarritz-Bayonne et Saint-Jean-de-Luz*, 4 février 1929, p. 2.

[5] « Les Basques à Paris », *La Gazette de Biarritz-Bayonne et Saint-Jean-de-Luz*, 6 février 1929, p. 2.

[6] Georges CIROT, « Inauguration de l'Hôtel de l'Institut d'Études hispaniques de Paris », *Bulletin hispanique*, t. 31, n° 3, 1929, p. 271.

[7] « Dans les ambassades », *Le Figaro*, 5 juillet 1929, p. 2.

[8] « Les arts – Poils de Pinceau », *L'Intransigeant*, 15 juillet 1929, p. 5.

particulières[1] ou comités honoraires[2]. Il participera même à des dîners regroupant hommes d'affaires, écrivains et hommes politiques organisés par les *Affinités françaises*[3], un cercle conservateur[4] aux conférenciers célèbres : le Maréchal Lyautey[5], Bernard Faÿ[6] ou le Maréchal Pétain[7].

Sa vie mondaine ne l'éloigne pas de sa défense des idées réactionnaires, au contraire ; cela lui permet de grandir au sein de ces milieux. De plus, il continue ses versements réguliers à l'*Action Française* et, même pendant ses vacances d'été à La Baule[8], il organise et prête main forte aux Camelots du Roi dans la région[9].

Son travail, engagement et réseau lui permettent d'obtenir une véritable reconnaissance par les élites françaises et latino-américaines qui estiment non seulement un homme de convictions mais aussi un véritable artisan du rapprochement entre les nations hispanophones et la France, si bien qu'il se verra décerner à la toute fin de la décennie 1920, et au début de 1930, les insignes[10] et la croix de l'Ordre National du Mérite par le président de l'Équateur[11].

La nouvelle décennie s'ouvre néanmoins de manière discrète, nous fournissant peu d'informations. La presse et les archives nous apprennent qu'il donne une conférence sur l'Amérique

---

[1] « Carnet Mondain – La Grande Garden-Party de M. et Mme Robert Bienaimé », *La Gazette de Biarritz-Bayonne et Saint-Jean-de-Luz*, 16 septembre 1929, p. 2.

[2] « Après l'Italie, la Grèce et la Roumanie constituent leurs comités pour le Centenaire de Mistral – Quand donc Paris et le Gouvernement français s'associeront-ils à ce mouvement ? », *Comœdia*, 1er novembre 1929, p. 1.

[3] « Carnet des lettres, des sciences et des arts », *L'Action française*, 30 juillet 1929, p. 4.

[4] Jérôme COTILLON, « Un homme d'influence à Vichy : Henry du Moulin de Labarthète », *Revue historique*, vol. 622, n° 2, 2002, p. 353-385.

[5] « Les Affinités françaises », *Journal des débats politiques et littéraires*, 21 décembre 1929, p. 2.

[6] « La Journée », *Le Figaro*, 24 janvier, 1933, p. 2.

[7] Herbert R. LOTTMAN, *Pétain*, Paris, Le Seuil, 1984, p. 189.

[8] Il loge « Villa Carmen » dans cette station balnéaire, boulevard Hennecart.

[9] « Camelots du roi », *L'Action française*, 4 août 1929, p. 4.

[10] « La vie latino-américaine – Échos mondains », *The Chicago Tribune and the Daily News New York*, 10 décembre 1929, p. 4.

[11] « Lettres hispano-américaines », *L'Intransigeant*, 4 avril 1930, p. 2.

latine[1] et qu'il est membre du jury du prix Sylla-Monségur, créé par la *Revue de l'Amérique Latine*, et destiné à récompenser la meilleure traduction française d'un ouvrage de la littérature hispano-américaine[2], dont le premier récompensé sera Francis de Miomandre (1880-1959)[3]. Nous constatons que le rythme effréné d'événements mondains se voit réduit de manière drastique. Une explication de ce calme s'offre à nous : le deuil. Le 12 mars 1930, Maria Emilia Levray, l'épouse de Charles Lesca, perd sa mère[4], et un an plus tard, en octobre 1931, lui-même perd la sienne[5].

[1] « Vers l'unité ? », *L'Avenir du Tonkin*, 4 mai 1931, p. 1.

[2] « Courrier des lettres », *Le Figaro*, 25 mai 1931, p. 5 ; « Petit courrier », *La Volonté*, 21 août 1931, p. 2.

[3] « M. Francis de Miomandre a obtenu hier le prix Sylla-Monségur », *Le Matin*, 19 décembre 1931, p. 2.

[4] « La vie latino-américaine. Échos mondains », *The Chicago Tribune and the Daily News New York*, 17 mars 1930, p. 4.

[5] « Mort de Mme J.-H. Lesca », *L'Action française*, 23 octobre 1931, p. 2.

CHAPITRE II

LE GOÛT POUR LA PROPAGANDE ET LA VIE MONDAINE (1933-1939)

Le collaborateur américaniste

En 1933, Charles Lesca revient en force au sein du milieu hispaniste et réactionnaire. Tout d'abord, il participe aux réunions internationales organisées par le mouvement pan-latiniste[1] mené par Maurice de Waleffe, comme lorsqu'il se rend avec une délégation de la presse latine à Casablanca[2]. Sa femme contribue elle aussi en représentant *L'Action Française* au congrès de la presse latine organisé en Égypte, où elle récolte 2 000 francs[3], dons pour la propagande[4].

Cette année marque l'ouverture d'une nouvelle partie de sa vie avec la disparition de la *Revue de l'Amérique Latine* et la création de *Frontières*, une revue de politique étrangère de ligne éditoriale conservatrice, où Lesca et d'anciens collaborateurs de la première publication auront carte blanche pour continuer à s'exprimer sur l'actualité, et sur l'Amérique latine en particulier en ce qui concerne le journaliste franco-argentin[5].

Le fait de perdre sa publication et d'être un simple collaborateur au sein d'une autre revue, loin de l'éloigner de ce

---

[1] Paolo BENVENUTO, « Panlatinisme et latinité. Origines et circulation d'un projet d'unification européenne, entre réminiscences napoléoniennes et mythe de la race » *in* Sylvie APRILE, Cristina CASSINA, Philippe DARRIULAT, René LEBOUTTE (dir.), *Europe de papier : Projets européens au XIXe siècle*, Villeneuve-d'Ascq, Presses universitaires du Septentrion, 2015, p. 267-280.

[2] « Une délégation de la presse latine à Casablanca », *L'Écho d'Alger*, 21 février 1933, p. 3.

[3] 1 475 euros actuels (INSEE).

[4] Charles MAURRAS, « La politique – IV. L'appel à l'effort général », *L'Action française*, 10 avril 1933, p. 1.

[5] C. LESCA, « À nos lecteurs », *Frontières*, n° 2, 10 mars 1933, p. 84-85.

milieu, renfonce son envie, et c'est précisément à partir de ce moment que son rôle de journaliste s'accentue. Il publiera des dizaines d'articles dans les années à venir, laissant paraître son point de vue et son idéologie tout en commentant les actualités des républiques latino-américaines.

Après quelques mois de silence à la suite de son intégration à la nouvelle équipe de *Frontières*, silence lié peut-être en partie à la perte d'un être cher, en l'occurrence, son cousin uruguayen Juan Antonio Plaza (1881-1933), ancien administrateur de la *Revue de l'Amérique Latine*[1], Lesca publie sous son nom un premier article en septembre 1933 consacré à la révolution cubaine[2].

Entre 1933 et 1935, Charles Lesca livre sa véritable vision personnelle sur l'Amérique latine et sa vie politique contemporaine dans les numéros de *Frontières*. Après lecture des articles, nous pouvons les regrouper autour de cinq thématiques principales dont la première est la dénonciation de l'impérialisme états-unien.

Pour ce faire, il s'appuie sur les positionnements de certains pays, tels que le Costa Rica lors de la VIIe conférence panaméricaine, afin de dénoncer que, précisément cette proposition fédératrice entre les nations américaines n'est en réalité qu'une invention des États-Unis pour mieux servir ses propres intérêts[3]. Il emploiera aussi des arguments historiques précis, comme les ingérences nord-américaines à Cuba, pour défendre son point de vue :

> Nous ne sommes pas ici suspects de tendresse pour l'impérialisme yankee (...) Il y a (...) une autre morale à tirer de la récente histoire cubaine, et c'est que l'Amérique latine doit craindre elle aussi les offrandes des Yankees, modernes Achéens[4].

---

[1] « Juan Antonio Plaza », *Frontières*, n° 4, 10 mai 1933, p. 192.

[2] C. LESCA, « La révolution cubaine », *Frontières*, n° 7, septembre 1933, p. 331-335.

[3] C. LESCA, « La VIIe conférence panaméricaine », *Frontières*, n° 10, 10 janvier 1934, p. 38-45.

[4] C. LESCA, « La vie politique en Amérique latine », *Frontières*, n° 11, 10 février 1934, p. 88.

Par opposition aux États-Unis, et par conviction personnelle, comme nous le prouve son engagement dans des initiatives comme les congrès de la presse latine, Lesca défend avec ferveur l'idée latine partout dans le monde, se livrant à une justification de la raison pour laquelle les Philippines appartiennent à cette famille malgré l'emprise de l'Amérique du Nord :

> Ethniquement, la majorité de la population des sept îles (...) est composée d'indigènes de race malaise, mais ils sont presque tous imprégnés de civilisation espagnole, professant la religion catholique et parlant l'espagnol (...). La classe dirigeante, d'ailleurs, est presque exclusivement composée de descendants d'Espagnols ou de métis. Américaines par l'économie et le politique, les Philippines sont donc latines au même titre que le Mexique ou le Pérou[1].

Cette réalité défendue par Charles Lesca se heurte toutefois à des menaces et dangers clairement identifiés par celui-ci, à savoir : les juifs, les bolcheviks, les francs-maçons et, dans une moindre mesure, les métèques. Autrement dit, les ennemis de la paix et de la stabilité latino-américaine sont, d'après lui, les mêmes groupes qui menacent la France. C'est une preuve de plus de son alignement idéologique avec les théories de Charles Maurras, et plus particulièrement celle des quatre États confédérés[2].

Les pressions de ces groupes sur les sociétés des républiques latino-américaines seraient la source de l'instabilité régnante et signifieraient un retour en arrière historique de ces pays. Le bolchevisme attaque et il se répand à une telle vitesse que Lesca donne l'alerte d'une contagion et n'hésite pas à user de métaphores :

> Dans toute l'Amérique latine, ou à peu près, règnent, par conséquent, le désordre et la confusion politique. Le continent est revenu à l'état où il se trouvait il y a cent ans au lendemain des guerres de l'indépendance ; mais l'esprit révolutionnaire n'y est plus le même ; le virus asiatique [le bolchevisme] qui s'y est introduit a remplacé le caudillisme[3].

---

[1] C. Lesca, « Guerre et paix », *Frontières*, n° 14, 10 mai 1934, p. 230-239.

[2] Laurent Joly, « Gabriel Monod et « l'État Monod ». Une campagne nationaliste de Charles Maurras (1897-1931) », *Revue historique*, t. 314, n° 664, 2012, p. 843.

[3] C. Lesca, « Guerre et paix », *op. cit.*, p. 237.

Le *leitmotiv* de tous les phénomènes récents en Amérique latine consisterait en une lutte politique sans merci entre deux blocs, opposant les bolcheviks et ses partisans au reste du monde :

> Si nous avions à placer chacune de nos chroniques sous un signe, nous n'hésiterions pas à en écrire que les attaques du bolchevisme et les réactions contre le bolchevisme commandent les événements politiques du mois qui vient de s'écouler, en Amérique latine. Un peu partout apparaissent des foyers d'infection, plus ou moins graves, plus ou moins étendus, dont le moindre examen dénonce la présence du microbe moscoutaire[1].

Le pays qui souffrirait davantage des actions de ces ennemis serait sans aucun doute le Mexique, présenté comme une nation où cette sorte de « maladie bolchevique » serait installée dans l'État même. La présentation que fait Lesca du président mexicain Plutarco Elías Calles (1877-1945) est très claire ; il s'agit d'un général d'origine juive à la volonté tyrannique et au pouvoir dictatorial[2]. Qui plus est, des légendes dans son propre pays « le représentent comme une sorte d'Antéchrist animé contre le catholicisme de toutes les passions judéo-maçonniques »[3].

Ce qui se passe au Mexique est d'une extrême gravité pour le journaliste car le pouvoir s'attaquerait de manière chaque fois plus dure à la religion et à l'idée de Dieu, contre « la Chrétienté, cette chrétienté qui est, qu'on le veuille ou non, le fondement de notre civilisation »[4]. Une preuve de plus de cette volonté destructrice qui habiterait les cadres politiques mexicains serait la tentative d'en finir avec la liberté de conscience individuelle par la mainmise sur le monde de l'éducation :

> Les dirigeants du Mexique ont décidé d'introduire dans les écoles primaires, *qui sont toutes mixtes*, l'éducation sexuelle et l'enseignement socialiste. Certains maîtres, devançant les instructions de leurs chefs, appliquent déjà ce beau programme. Cette mesure qui s'attaque aux consciences sera-t-elle la goutte qui fera déborder le vase[5] ?

---

[1] C. LESCA, « Révolutions et guerre », *Frontières*, n° 12, 10 mars 1934, p. 136.
[2] C. LESCA, « Révolutions et guerre », *op. cit.*, p. 137.
[3] C. LESCA, « La question religieuse », *Frontières*, n° 21, 10 janvier 1935, p. 42.
[4] C. LESCA, « La question religieuse », *op. cit.*, p. 44.
[5] C. LESCA, « Révolutions et guerre », *op. cit.*, p. 138.

Face aux affirmations émises par Lesca, une question se pose : qui est le coupable, d'après lui, de ces dérives ? Le peuple dans son ensemble ? Le journaliste considère que ce sont plus précisément les « Indiens », une tournure qui lui permet de séparer le peuple éclairé digne héritier de la civilisation latine d'un peuple ignorant d'origine aztèque :

> Les Indiens, longtemps asservis, illettrés en grand nombre, dont beaucoup ignorent encore l'espagnol, sont faciles à fanatiser. Catholiques, leur religion n'est pas très éclairée et revêt encore des formes de paganisme ; initiés à la vie collectiviste ou communiste, ils ne doivent pas comprendre davantage la profonde philosophie sociale de M. Calles. Il est difficile de dire ce qui l'emportera de leur dévotion à la vierge de Guadalupe, ou des attraits qu'exercent sur eux les avantages matériels que leur promettent leurs gouvernants actuels[1].

La chute de Calles et l'ascension d'Emilio Portes Gil (1890-1978) ne rassurera pas Charles Lesca sur l'avenir du Mexique. Toutefois, fidèle à sa pensée réactionnaire, il n'hésite pas à mettre en avant que contrairement à son successeur, le nouvel homme fort, au moins, n'est pas d'origine juive :

> Pour notre part, nous ne croyons pas qu'il n'y ait rien de changé dans la politique mexicaine. Un nouveau dictateur a pris la place de l'ancien. Et si, malgré tout, c'est avec un certain plaisir que nous avons enregistré la déconfiture du terrible « homme de fer », c'est que les origines de M. Portes Gil sont nationales tandis que celles de Calles sont mystérieuses et probablement juives. Un Mexicain a remplacé un métèque. C'est déjà quelque chose[2].

La situation américaine décrite par Lesca ne peut être résolue, en conformité avec ses convictions, que par la force. Aussi, à chaque occasion, prendra-t-il la défense des hommes forts et des actions de répression pour restaurer l'ordre. L'une des premières fois où il se positionne ainsi c'est au début de l'année 1934 par rapport à la situation cubaine, où il dénonce, au passage, ceux qui contestent les mesures répressives :

> À Cuba, le Président Mendieta continue à lutter courageusement contre des révolutionnaires qui multiplient grèves et attentats

---

[1] C. Lesca, « La question religieuse », *op. cit.*, p. 48.

[2] C. Lesca, « Le mois politique », *Frontières*, n° 27, 10 juillet 1935, p. 333.

> terroristes. Bravant l'opinion des imbéciles qui, par snobisme, hurlent, avec les communistes, à la dictature et au « fascisme », dès qu'un gouvernement prend des mesures énergiques[1].

Il loue les actions d'hommes comme le président brésilien Getúlio Vargas (1882-1954), qui aurait restauré la paix après la révolution pauliste (1932)[2], et qui mérite de rester aux commandes du pays par le simple fait d'avoir su ramener l'ordre, condition indispensable pour un retour à la prospérité :

> Le Président Vargas jouit d'un grand prestige dans les États qui ont déterminé son élection. Il a, par ailleurs, des qualités certaines d'homme d'État, car il lui a fallu beaucoup d'habileté et d'énergie pour vaincre toutes les difficultés auxquelles il s'est heurté pendant ses quatre années de gouvernement provisoire. Espérons donc qu'il bénéficiera de la tranquillité indispensable pour résoudre les graves problèmes économiques qui se posent actuellement au Brésil[3].

Au-delà des hommes, une institution est essentielle pour la stabilité des pays selon lui : l'armée. Celle-ci s'avère être un rempart contre les poussées des ennemis de l'extérieur comme de l'intérieur, étant unie et défendant les valeurs traditionnelles des différentes républiques latino-américaines :

> Les grèves succèdent aux grèves, vingt bombes éclatent toutes les nuits à La Havane, des plantations de canne à sucre sont incendiées. C'est une frénésie de meurtre et de destruction. Une seule institution est restée saine au milieu de cette confusion : l'armée, sous les ordres du sergent-colonel Batista[4].

Ce culte de la force qui habite Charles Lesca explique qu'il soit très critique envers d'autres institutions, et plus particulièrement, envers la Société des Nations[5]. Son opposition envers celle-ci ne

---

[1] C. LESCA, « La vie politique », *Frontières*, n° 13, 10 avril 1934, p. 189.

[2] Marcelo Santos ABREU, « Os mártires da causa paulista : a criação do culto aos mortos da revolução constitucionalista de 1932 (1932-1937) », *Patrimônio e Memória*, vol. 7, n° 1, 2011, p. 193-211.

[3] C. LESCA, « Tour d'Horizon », *Frontières*, n° 18, 10 octobre 1934, p. 428.

[4] C. LESCA, « Les États-Unis et l'anarchie cubaine », *Frontières*, n° 24, 10 avril 1935, p. 189.

[5] Michel MARBEAU, *La Société des Nations. Vers un monde multilatéral (1919-1946)*, Tours, Presses universitaires François Rabelais, 2017.

consiste pas seulement à la dénigrer par sa logique d'entente supranationale qui entre en conflit avec son idéologie nationaliste. Il concentre l'essentiel de ses remarques sur l'incapacité notoire de la SDN à résoudre des conflits concrets comme la guerre du Chaco (1932-1935)[1] qui oppose le Pérou et la Bolivie :

> La politique internationale latino-américaine est toujours dominée par la guerre du Chaco, qui se poursuit sans qu'aucun indice sérieux puisse faire croire à sa fin prochaine (…). L'Institution de Genève, de son côté, poursuit ses efforts et ses exhortations. Mais, hélas ! la machine à empêcher les guerres continue de tourner à vide. Aucune organisation internationale existante n'est capable de faire la paix entre deux nations qui veulent se battre[2].

Incapable de régler une guerre entre « deux petits États de l'Amérique du Sud »[3], la Société des Nations est vouée à l'échec. Les intérêts nationaux de tous les pays qui forment l'institution priment, et provoquent une incapacité pour cet organisme d'éviter ou de résoudre les conflits :

> Les avantages l'emporteraient certainement de beaucoup si la Société des Nations avait le pouvoir d'empêcher les guerres ou de ramener la paix[4] (…). Que se passe-t-il donc ? Tout simplement que la plupart des membres de la SDN ne se soucient nullement de voir appliquer les sanctions[5] (…). De quelque côté que l'on se tourne, aucun espoir de paix n'apparaît donc dans le ciel du Sud Amérique. Ce n'est pas encore qu'on peut l'espérer ni des efforts de la SDN ni d'une décision militaire[6].

Cette vision des affaires latino-américaines, et du monde en général, continuent à se nourrir, en parallèle, non seulement de

---

[1] Luc CAPDEVILA, « La guerre du Chaco *Tierra adentro*. Déconstruire la représentation d'un conflit international », *in* Luc CAPDEVILA, Nicolas RICHARD, Pablo BARBOSA, Isabelle COMBES, *Les hommes transparents. Indiens et militaires dans la guerre du Chaco (1932-1935)*, Rennes, Presses universitaires de Rennes, 2010, p. 15-33.

[2] C. LESCA, « Révolutions et guerre », *op. cit.*, p. 141.

[3] C. LESCA, « L'Amérique latine et la SDN », *Frontières*, n° 23, 10 mars 1935, p. 138.

[4] *Ibidem.*

[5] *Ibid.*, p. 139.

[6] *Ibid.*, p. 143.

ses lectures ou voyages, mais aussi grâce aux réceptions mondaines, qui ont lieu très souvent à son domicile[1]. Fier de faire partie de ceux qui se livrent à une analyse des événements américains, que ce soit par le biais des articles ou des avant-propos dans des livres, comme celui de son confrère et directeur de *Frontières*, Herbert van Leisen[2], Charles Lesca ne se plaint pas moins du manque d'intérêt que la France et sa presse portent à ces questions sur le plan politique, culturel et économique :

> Nous ne cesserons de déplorer l'indifférence de la presse française pour l'Amérique latine. C'est une vérité établie pour les directeurs de nos journaux que le public français ne s'intéresse pas aux heurs et malheurs des pays ibériques du nouveau continent. Comment s'y intéresserait-il alors que ses informateurs attitrés ne l'en entretiennent jamais[3] ?

Assumer sa conviction fasciste

En 1935, Charles Lesca prend une décision de grande importance pour sa carrière en se ralliant à la nouvelle revue mensuelle, *Le Front Latin* (1935-1940) co-dirigée par Fernand Sorlot (1904-1981) et Philippe de Zara (1893-1955)[4]. Cette publication, où il exercera les fonctions de collaborateur mais aussi de conseiller[5], assume le fait d'exposer de manière publique et notoire ses convictions fascistes, quand bien même elles se glissent dans un discours de défense de la civilisation latine.

Le Front Latin, sous le patronage du *Cercle des Amitiés Latines*[6], publie 40 numéros tout au long de sa vie[7] consacrés,

---

[1] « Mondanités – Réceptions », *Comœdia*, 30 janvier 1934, p. 4 ; « Les grands faits mondains – Réceptions », *L'Écho de Paris*, 15 janvier 1935, p. 5.

[2] « La vie des lettres – L'Amérique latine à la SDN », *La Liberté*, 4 septembre 1934, p. 4 ; « Viennent de paraître », *La Revue mondiale*, 15 décembre 1934, p. 63.

[3] C. LESCA, « La paix à Leticia », *Frontières*, n° 15, 10 juin 1934, p. 278.

[4] David LEFRANC, « Interdire *Mein Kampf* aux Français. Édition, droit et politique dans la France de 1934 », *Francia. Forschungen zur Westeuropäischen Geschichte*, n° 47, 2020, p. 461.

[5] Michel LACROIX, « Lien social, idéologique et cercles d'appartenance : le réseau "latin" des Québécois en France, 1923-1939 », *Études littéraires*, vol. 36, n° 2, 2004, p. 55.

[6] *Ibidem.*

[7] David LEFRANC, « Interdire « Mein Kampf » … », *op. cit.*, p. 461.

selon Zara, à la « reconstitution d'une union spirituelle européenne qui défende et sauvegarde les valeurs essentielles de notre civilisation »[1]. Farouches anticommunistes, attirés par les idées réactionnaires distillées par l'*Action Française* (antisémitisme, anti-franc-maçonnerie, xénophobie), Sorlot et de Zara, proches de hauts dirigeants fascistes, mais aussi des collaborateurs de la revue, voient dans le fascisme le remède contre le parlementarisme et la décadence européenne critiquée depuis des années[2].

Dans cette ligne, Charles Lesca précise dans le premier numéro de la revue en question (septembre 1935)[3] que ce Front latin ne concerne pas seulement les nations européennes descendantes de Rome, mais aussi les Amériques, au sens large, par l'œuvre de la colonisation des puissances méditerranéennes :

> [L'Amérique] est latine par ses conquérants, par ses civilisateurs et par les influences qu'elle a subies depuis qu'elle a été amenée à la vie indépendante (…). Catholique, espagnole ou portugaise – et même française si nous pensons à Haïti et au Canada français, qui ont une place de droit dans une Amérique latine, toute cette partie du continent américain se rattache, par ses mœurs, par sa façon de sentir et de penser, à notre civilisation méditerranéenne[4].

Parallèlement à cette nouvelle collaboration journalistique, Charles Lesca continue à accroître son pouvoir dans le milieu de la presse en devenant membre du conseil d'administration de la Société Anonyme Française d'Imprimerie de Journaux, créée en 1935, ayant pour « objet l'impression de journaux et de périodiques, tracts, bulletins, prospectus, brochures »[5] et au capital « fixé à un million 350 000 fr, en actions de 1000 francs »[6].

Cette entreprise est loin d'être neutre ou éloignée des idées réactionnaires, comme nous le prouve la présence de deux autres membres du conseil et actionnaires : Pierre Varillon (1897-

---

[1] *Ibidem.*

[2] *Ibid.*, p. 462.

[3] C. LESCA, « Front latin en Amérique », *Le Front latin*, n° 1, sept. 1935, p. 13-15.

[4] Jean BRUCHESI, « Front latin – En feuilletant Revues et Journaux », *L'Action universitaire. Revue des diplômés de l'Université de Montréal*, vol. I, n° 10, 1935, p. 27.

[5] « IMPRIMERIE, ÉDITION – Société Anonyme française d'Imprimerie de Journaux (S.A.F.I.J.) », *La Journée industrielle,* 22 août 1935, p. 2.

[6] *Ibidem.*

1960), chroniqueur et rédacteur des pages littéraires de *L'Action Française*[1], et Georges Prêcheur, industriel conservateur qui collaborera avec les Allemands[2] pendant la guerre par le biais, entre autres, de l'entreprise Degussa (groupe qui profitera de la confiscation de biens juifs, exploitera la main-d'œuvre déportée et qui possèdera une filiale fournissant le Zyklon B)[3].

Charles Lesca multiplie donc sa présence, tout en continuant à mener une vie mondaine soutenue, rencontrant les élites parisiennes (Edmond Giscard d'Estaing, le comte Michel de Villeneuve, la comtesse de Sercey)[4] et sud-américaines (Francisco García Calderón, Jules Supervielle)[5] installées ou de passage à la capitale, ainsi que son rôle de journaliste pour *Frontières*.

En avril 1936, Lesca décide de réaliser un tour des Amériques qui le mènera au Brésil, en Uruguay et en Argentine. Il rendra compte de ses impressions dans les pages de *Frontières* et dans *Je suis partout*. La présence de son récit dans cette dernière publication est loin d'être anodine. La raison en est simple, Lesca est devenu actionnaire de *Je suis partout*[6], un choix engagé qui marquera le restant de ses jours, un point de non-retour dans sa vie.

Charles Lesca, le maurrassien, le réactionnaire, devient fièrement, en 1936, le « fasciste irréductible autant que calme »[7], reprenant les mots de son ami Robert Brasillach (1909-1945). C'est pendant son séjour américain que le journaliste franco-argentin apprend la victoire, en mai 1936, du Front Populaire. Cette nouvelle ne le laisse pas indifférent et le convainc plus que jamais de la nécessité d'un engagement fort et d'un combat radical, voire violent[8], contre les idées défendues par le nouveau gouvernement qui dirige la France et ses partisans.

---

[1] Pierre-Marie DIOUDONAT, *Les 700 rédacteurs de "Je suis Partout". 1930-1944*, Paris, Sedopols, 1993, p. 89.

[2] Annie LACROIX-RIZ, *Industriels et banquiers français sous l'Occupation*, Paris, Armand Colin, 2013, p. 472.

[3] Peter HAYES, *From Cooperation to Complicity*, Cambridge, Cambridge University Press, 2004.

[4] « Les grands faits mondains – Réception », *L'Écho de Paris*, 23 janvier 1936, p. 5.

[5] « Dans les ambassades », *Le Figaro*, 3 février 1936, p. 2.

[6] P.-M. DIOUDONAT, *Les 700 rédacteurs de "Je suis partout"*..., *op. cit.*, p. 58.

[7] Robert BRASILLACH, *Notre avant-guerre*, Paris, Plon, 1941.

[8] *Ibid.*, p. 177.

À son retour à Paris, il est contacté par Pierre Gaxotte (1895-1982), proche lui aussi de Charles Maurras et collaborateur de *Je suis partout* depuis sa fondation[1], qui l'invite à reprendre cette publication après l'annonce de la maison Arthème Fayard de cesser l'impression de l'hebdomadaire[2]. Lesca voit ici l'opportunité qu'il attendait tant pour être aux avant-postes de la lutte contre ses ennemis idéologiques. Il effectue un rachat partiel du journal[3], à hauteur de 50 000 francs[4], et devient ainsi, avec l'imprimeur Georges Lang[5] et le journaliste André Nicolas (1904-1975), l'un des trois principaux actionnaires[6]. Quelques mois plus tard, en juin 1937, Lesca devient président du conseil d'administration de la société éditrice de *Je suis partout*[7].

La reprise du journal ne fait pas seulement de Charles Lesca l'un des hommes forts de celui-ci financièrement. L'hebdomadaire change alors clairement de ligne directrice et n'hésite plus à publier des textes complaisants avec le fascisme, antisémites et nationalistes[8]. L'arrivée d'un Lesca combatif aux postes de commande permet aux journalistes les plus radicaux – Robert Brasillach, Lucien Rebatet (1903-1972) ou Claude Jeantet (1902-1982)...– d'avoir la voie libre pour distiller leur haine.

Une vision réactionnaire du monde hispanophone et de la France (1936-1939)

Ouvertement profasciste, Charles Lesca, entre 1936 et 1939, publie dans *Frontières*, *L'Action Française* et *Je suis partout* des analyses réactionnaires sur le monde américain et français. Cinq idées clés structurent sa pensée : l'antibolchevisme, l'antisémitisme, la critique des démocraties, la défense des dictatures et de la

[1] P.-M. DIOUDONAT, *Les 700 rédacteurs de "Je suis partout"..., op. cit.*, p. 45.
[2] Bénédicte VERGEZ-CHAIGNON, *Le dossier Rebatet. Les décombres – L'inédit de Clairvaux*, Paris, Robert Laffont, 2015, p. 747.
[3] *Ibid.*, p. 758.
[4] 38 638 euros actuels (INSEE)
[5] Henri AMOUROUX, *La grande histoire des Français sous l'Occupation. Le Peuple du Désastre*, Paris, Robert Laffont, 1976, p. 23.
[6] P.-M. DIOUDONAT, *Les 700 rédacteurs de "Je suis partout"..., op. cit.*, p. 68.
[7] François BROCHE, *Dictionnaire de la Collaboration..., op. cit.*, p. 582.
[8] Michel LACROIX, « Lien social, idéologique et cercles d'appartenance... », *op. cit.*, p. 57.

répression, et le constat de la décadence de la France. Idées qui progressent en raison de la plus large diffusion de ces titres.

Quelques mois après la victoire du Front populaire, Lesca considère une seule grille d'analyse politique pour tous les événements politiques en cours, la lutte entre le fascisme, idéologie louée, et le communisme, idéologie à abattre : « les deux forces qui s'affrontent un peu partout dans le monde, et que pose le dilemme : civilisation ou barbarie, Rome ou Moscou »[1].

Pendant son séjour américain, il a pu constater la rapidité avec laquelle le communisme se propageait dans des pays comme le Brésil, où il fut frappé de l'ancrage de cette idéologie chez les élites, ce qui renforcera son idée du besoin d'attirer les masses vers le fascisme afin de contrer les menées bolcheviques :

> Il y a donc un péril communiste au Brésil. Mais il est assez particulier. Le communisme brésilien, jusqu'à présent, n'a pas pénétré « les masses ». Il est resté un phénomène intellectuel (…). Il y a des communistes parmi les généraux, les hauts fonctionnaires, les professeurs, les étudiants, les médecins, les avocats, les millionnaires ; il n'y en a presque pas dans le prolétariat[2].

Lesca craint le développement du communisme aux Amériques mais aussi en France. Déjà traumatisé par l'expérience du Front populaire, il constate que des intellectuels, comme Paul Rivet (1876-1958), prennent la défense de victimes de la répression brésilienne au nom de l'antifascisme. Lesca accuse le professeur de connivence avec le pouvoir et de mentir au peuple français délibérément pour défendre Carlos Prestes, « un bandit de grand chemin, un criminel de droit commun »[3], « il était naturellement le chef du communisme brésilien »[4].

Le journaliste tient par ailleurs à prouver le choix néfaste que représentent les idéaux socialistes et n'hésite pas à citer l'exemple

---

[1] C. LESCA, « Impressions de voyage en Amérique du Sud », *Frontières*, n° 39, 10 août 1936, p. 432.

[2] C. LESCA, « Amérique du Sud 1936 – Choses vues et entendues », *Je suis partout*, 14 novembre 1936, p. 6.

[3] C. LESCA, « Sauvez Carlos Prestes ! – L'Internationale de la pègre », *Je suis partout*, 6 février 1937, p. 3.

[4] C. LESCA, « Sauvez Carlos Prestes. Encore une victime du "fascisme" », *L'Action française*, 9 février 1937, p. 3.

mexicain comme une preuve vivante du désastre que supposerait pour la France, et pour le monde, le triomphe du communisme :

> L'expérience socialiste, en effet, aboutit, au Mexique comme ailleurs, à son terme inéluctable ; la faillite et la misère. Le gouvernement de Cardenas a, en quelques années, dilapidé la fortune du Mexique (…). La réforme agraire dont le financement a coûté fort cher a donné des résultats désastreux. Depuis que les terres ont été partagées entre les paysans, les récoltes se sont considérablement réduites. Le Mexique a été obligé, dans ces derniers temps, d'importer du maïs et du cacao, alors qu'il en exportait régulièrement auparavant[1].

La lutte contre la menace communiste est primordiale pour Lesca, mais cette lutte est concomitante avec son antisémitisme exacerbé présent dans presque chaque article publié à cette période. Une fois de plus, ses analyses sur l'Amérique latine lui servent de prétexte pour exposer au grand public ce qu'il considère comme une menace.

Tout en parlant de la question migratoire en Uruguay, il lance un signal d'alerte, l'augmentation, trop importante selon lui, des migrants juifs ces dernières années : « Il y a actuellement 20 000 juifs à Montevideo (…). Il n'y en avait peut-être pas mille il y a vingt ans »[2]. Une première pierre à la construction de l'idée d'une sorte d'invasion est posée.

Ensuite, il présente ce phénomène migratoire comme une tactique déjà déployée par cette communauté dans des pays comme l'Argentine, où ils se seraient emparés peu à peu de toutes les positions de pouvoir. La migration, expliquée en bonne partie en raison du contexte politique en Allemagne et Autriche, est présentée comme un complot :

> À la différence du Brésil et de l'Uruguay, des essais de colonisation juive ont été faits en Argentine, de sorte qu'il y a des juifs installés depuis longtemps, qui peuvent se proclamer argentins et qui occupent d'ores et déjà des positions de choix dans le journalisme, au théâtre, et, si ce n'est dans la politique, autour

[1] C. Lesca, « L'affaire du pétrole au Mexique – C'est un nationalisme marxiste qui a triomphé à Mexico », *Je suis partout*, 26 mars 1938, p. 8.

[2] C. Lesca, « Impressions de voyage en Amérique du Sud (suite) », *Frontières*, n° 40, 10 septembre 1936, p. 496 ; C. Lesca, « Montevideo et Lisbonne », *L'Action française*, 28 septembre 1936, p. 2.

des hommes politiques, autour même du chef de l'État. Cela sans parler, bien entendu, du monde de la finance et des affaires[1].

Lors de son séjour en Uruguay, Lesca s'entretient avec le président-dictateur Gabriel Terra (1873-1942) et aborde ce sujet, laissant entendre qu'il existe un complot judéo-maçon : « Ne croyez-vous pas, Monsieur le Président, que l'émigration juive, qui a pris un tel développement en Amérique du Sud, constitue un danger ? Les Juifs sont naturellement révolutionnaires »[2].

En 1938, Charles Lesca atteint le paroxysme de son antisémitisme dans ses articles, se livrant à des analyses et des critiques sans merci, haineuses. Selon lui, le malheur et les discriminations que subit la communauté juive leur est imputable :

> L'Amérique latine offre la preuve éclatante que les Juifs créent eux-mêmes, là où ils vont, les conditions de l'antisémitisme et provoquent les persécutions dont ils se lamentent (…). C'est qu'en Amérique latine comme partout ailleurs, les Juifs se sont très vite révélés inassimilables (…). Accapareurs, profiteurs, ils s'emparaient rapidement du commerce et des places[3].

Il alerte sans cesse et, pour la première fois déshumanise les personnes de confession juive, comme s'il s'agissait d'un fléau qui arrive en bateau et vise à détruire l'Amérique latine :

> L'Argentine, comme d'ailleurs l'Uruguay, ne cessent de recevoir à pleins bateaux des éléments « indésirables », sous l'espèce de Juifs allemands ou autrichiens qui ne sont ni « agriculteurs qualifiés, ni techniciens, ni ouvriers spécialisés », mais éléments parasitaires, ne produisant rien, et qui viennent encombrer les villes déjà congestionnées (…). Les autorités des pays sud-américains sont (…) très désireuses d'arrêter cette invasion[4].

---

[1] C. LESCA, « Impressions de voyage en Amérique du Sud (fin) – L'Amérique Latine et l'actualité », *Frontières*, n° 41, 10 octobre 1936, p. 557.

[2] C. LESCA, « Amérique du Sud 1936 – Choses vues et entendues », *Je suis partout*, 28 novembre 1936, p. 6.

[3] C. LESCA, « En Amérique latine – Les Juifs ont créé l'antisémitisme », *Je suis partout*, 15 avril 1938, p. 8.

[4] C. LESCA, « En marge de la Conférence panaméricaine – Un danger menace l'Amérique du Sud. Ce n'est pas le fascisme mais le judéo-marxisme », *Je suis partout*, 16 décembre 1938, p. 4.

Il encourage les pays latino-américains à prendre des mesures drastiques pour faire face à ce danger, et n'hésite pas à leur signaler que s'ils ne se pressent pas, ils finiront par subir le même sort que la France :

> Si les gouvernements ne réagissent pas avec énergie, s'ils ne mettent pas un obstacle infranchissable au flot juif qui les submerge, les classes dirigeantes qui, sous des étiquettes différentes, sont depuis toujours au pouvoir, se verront un beau jour dépossédées par des Blum et des Zay auxquels, sous prétexte de libéralisme démocratique, elles auront fait elles-mêmes la courte échelle[1].

Les Français sont déjà victimes, pour Lesca, car les efforts du pays seraient « sabotés par la bande des judéo-marxistes qui se sont emparés du gouvernement »[2]. Il ne veut pas que les nations latino-américaines, « qui portent en elles de si belles réserves pour l'avenir de notre civilisation occidentale »[3] sombrent dans le chaos. Il voit une lueur d'espoir outre-Atlantique qui lui permet de s'éloigner de sa douleur pour une France, que l'ancien soldat, estime en décadence depuis la fin de la Grande Guerre :

> Il n'aura pas duré longtemps le prestige que nous a valu notre victoire de 1918. Nos politiciens se sont vite chargés de le détruire. Nos dissensions intestines, le jeu de massacre de gouvernements auquel se livre notre Parlement, la faiblesse de notre politique extérieure qui semble dictée par la peur et qui ne sait même pas tirer le moindre bénéfice de ses éternels renoncements[4].

Une France, par ailleurs, humiliée par la signature des accords de Munich, « une désastreuse capitulation »[5] qui n'est que la « conséquence forcée des fautes accumulées pendant vingt ans par la politique extérieure franco-britannique »[6]. Autant d'éléments qui viennent nuire aux relations entre l'Hexagone et

---

[1] C. LESCA, « En marge de la Conférence panaméricaine... », *op. cit.*, p. 4.
[2] C. LESCA, « « Normandie » à Rio de Janeiro – Comment on « rate » une propagande », *Je suis partout*, 8 avril 1938, p. 2.
[3] C. LESCA, « En marge de la Conférence panaméricaine... », *op. cit.*, p. 4.
[4] C. LESCA, « Impressions de voyage en Amérique du Sud (suite) – L'Amérique latine et la France », *Frontières*, n° 42, 10 novembre 1936, p. 615.
[5] C. LESCA, « La France en Amérique du Sud – Choses vues », *Je suis partout*, 3 mars 1939, p. 10.
[6] *Ibidem.*

les pays de l'Amérique latine. Pour regagner les faveurs des républiques hispanophones, Lesca marque le chemin, il faut changer de régime et il faut changer de politique :

> La première condition sans laquelle rien n'est possible, c'est une France ordonnée, digne, française. Une France anarchique tournant le dos à toutes ses traditions pour suivre Moscou, découragera ses amitiés américaines comme elle décourage ses amitiés européennes[1].

Tous ces malheurs évoqués par Charles Lesca, aux Amériques comme en Europe, ne seraient jamais arrivés si les régimes politiques n'avaient pas été des démocraties, pense-t-il. Le complot judéo-maçon n'aurait pas pu triompher autrement. C'est en raison de cette vision que le journaliste abhorre la démocratie qu'il dépeint comme un « régime inhumain des partis qui se déchirent en affaiblissant le pays »[2]. Un régime qui, en France, accepterait, qui plus est, d'accueillir et de nourrir ses ennemis : « Mais notre État trouve près de 4 millions par jour pour entretenir la horde des communistes et des anarchistes espagnols de l'"armée républicaine" qui ravagent nos Pyrénées-Orientales ![3] »

La menace judéo-bolchevique, le déclin des nations et le système démocratique qui aggraverait la situation sont autant d'éléments qui expliquent que Lesca embrasse l'idéal fasciste, et qu'il justifie dans ses articles, au nom d'un retour à l'ordre, l'usage de la force, de la répression et même des solutions dictatoriales aux Amériques.

Un pays souvent cité comme exemple à l'heure d'aborder cette question, c'est le Brésil de Getúlio Vargas. Cela dit, la force, nécessaire et justifiée, devrait être accompagnée des mesures pour que le peuple ne désire pas, à l'avenir, faire la révolution :

> Surveiller, contrôler, réprimer, c'est bien, mais ce n'est qu'une petite partie de la tâche qui incombe à ceux qui dirigent les destinées du Brésil. Il faudrait surtout entreprendre une politique sociale hardie et améliorer, moralement et matériellement, la

---

[1] C. Lesca, « Amérique du Sud 1936 – Choses vues et entendues », *Je suis partout*, 12 décembre 1936, p. 6.

[2] C. Lesca, « Amérique du Sud 1936 – Choses vues et entendues », *Je suis partout*, 5 décembre 1936, p. 6.

[3] C. Lesca, « La France en Amérique du Sud… », *op. cit.*, p. 10.

condition du peuple, afin d'éviter les bons apôtres de la révolution puissent lui « apprendre qu'il est malheureux »[1].

Lesca pointe le fait qu'un groupe de Brésiliens aurait compris cette nécessité de fournir au peuple, l'ordre, la sécurité, la tradition et la tranquillité économique : les intégralistes[2]. Un groupe d'inspiration clairement fasciste loué par le journaliste :

> Il y a tout au moins des hommes qui voient clair et qui ont entrepris une action énergique : ce sont les « intégralistes ». Disons, pour simplifier les idées, qu'ils sont les fascistes brésiliens (…). Il est antimarxiste, antimaçonnique, mais aussi antilibéral, anticapitaliste, lorsque le capital ne représente pas le patrimoine familial, et teinté de xénophobie (…). Il tient la famille pour la vraie cellule sociale, il est corporatif et, sans rien avoir d'un parti clérical, il respecte et honore la religion catholique qui est celle du Brésil[3].

Même si Lesca considère ce courant comme le plus proche de ces idées, il considère que le président en exercice du Brésil est à la hauteur face à la menace communiste. En conséquence, il félicite le chef de l'État et ses actions de répression :

> Tous les étrangers suspects de sympathie pour le communisme ont été aussitôt expulsés du pays. Quant aux Brésiliens, ils sont mis en état d'arrestation (…) et envoyés, selon le cas, dans un camp de concentration militaire (…). Les fils de communistes envoyés dans un pénitencier seront, à leur tour, transférés dans un camp spécial, où il sera procédé à leur « éducation civique et morale » (…). Le président Getúlio Vargas est sur la bonne voie ; il vient de porter à la révolution au Brésil le coup le plus sensible[4].

L'ascension au pouvoir du Front populaire en France et l'avancée des partis communistes en Europe, et dans le monde,

---

[1] C. LESCA, « Amérique du Sud 1936 – Choses vues et entendues », *Je suis partout*, 21 novembre 1936, p. 5.

[2] Olivier COMPAGNON, « Le maurrassisme en Amérique latine. Étude comparée des cas argentin et brésilien », *in* Olivier DARD, Michel GRUNEWALD, *Charles Maurras et l'étranger – L'étranger et Charles Maurras*, Berne, Peter Lang, 2009, p. 294.

[3] C. LESCA, « Amérique du Sud… », *op. cit.*

[4] C. LESCA, « Lettre du Brésil – Nouvelle offensive communiste », *Je suis partout*, 5 novembre 1937, p. 6.

font que Charles Lesca n'est plus dans la demi-mesure ou la simple critique. Dorénavant, il n'y a plus de place pour la compassion dans les mots qu'il publie dans la période 1936-1939, l'ennemi est connu et il est déterminé à l'abattre, jouant son rôle de propagandiste, coûte que coûte, article après article.

Vivre proche des cercles de pouvoir

Les années précédant la Seconde Guerre mondiale, Charles Lesca ne se contente pas seulement de publier des articles, haineux pour une bonne partie, dans les journaux et revues étudiés. Il continue à participer de manière active à la vie mondaine parisienne[1] et à acquérir de la notoriété auprès de différents cercles de pouvoir.

Dans le monde universitaire, et plus concrètement au sein de l'hispanisme parisien, le journaliste continue d'être le bienvenu et de jouer un rôle actif. Son engagement politique public ne semble pas mettre un frein à ses activités. Ainsi, nous retrouvons Lesca faisant partie, avec Marcel Bataillon (1895-1977), Gaspard Delpy (1888-1952), Serge Denis (1895-1955), Raymond Ronze (1887-1966) et Aurelio Viñas (1892-1958), du comité d'initiative et de publication d'un hommage à son vieil ami Ernest Martinenche[2]. Malgré l'absence de sources, nous pouvons supposer que le lien entre Lesca et Bataillon, membre du comité de vigilance des intellectuels antifascistes[3], ne fut pas très profond. Quoiqu'il en soit, le journaliste n'a pas perdu de son influence dans ce monde, où il a fait ses premiers pas en 1909, car trente ans plus tard, il apparaît, précisément, comme trésorier du *Groupement des Universités et Grandes Écoles de France pour les relations avec l'Amérique latine*[4]. Ce sera le poste le plus important qu'il occupera dépendant de l'université française.

---

[1] « Corps diplomatique », *Excelsior*, 19 mars 1937, p. 2.

[2] « Hommage à M. Ernest Martinenche », *Les langues néo-latines*, 1er mars 1938, p. 6-7.

[3] Alain HUGON, « Marcel Bataillon, un hispaniste orphelin de l'Espagne. 1895 1977 », *Les Cahiers du CRHQ*, n° 3, 2012, p. 13.

[4] « Hommage à M. Martinenche », *Les langues néo-latines*, 1er janvier 1939, p. 27.

Administrateur et actionnaire principal de *Je suis partout*, Lesca se hisse aussi dans le monde de la presse devenant vice-président du syndicat des journaux hebdomadaires formé par divers titres : « *Le Canard Enchaîné*, *Candide*, *L'Émancipation nationale*, *La Flèche*, *Gringoire* »[1].

Ses succès publics se succèdent, en France comme à l'étranger, et pour preuve, il est nommé « par le gouvernement brésilien Chevalier de l'Ordre de la Croix du Sud »[2]. Cette décoration honorifique fut octroyée par le Brésil du président Vargas, un homme que Lesca avait si fidèlement soutenu de manière publique ces dernières années…

Il participe aussi davantage aux événements culturels et politiques organisés, en petit comité, par divers cercles conservateurs. En 1938, il est convié, pour la première fois, aux déjeuneurs mensuels organisés par *L'Œillet blanc*. Association royaliste aux membres restreints fondée en 1895 dont l'objectif est de lutter pour la Restauration en faisant de la propagande auprès des élites parisiennes dans un cadre mondain[3]. La présence de Lesca à cet événement s'explique aussi bien par ses idées que par sa proximité avec Charles Maurras, lui aussi présent avec d'autres membres de l'Académie française, de l'Académie Goncourt et des généraux[4]. Il sera convié, une deuxième fois, un an plus tard, en compagnie d'autres journalistes de *L'Action française* et d'un bon nombre de nobles, comme le comte de Saint-Aulaire (1866-1954) ou le marquis de Fraguier (1882-1971)[5]. Une bonne insertion dans les milieux monarchistes et royalistes confirmée par son invitation à des réceptions en l'honneur des membres de la noblesse française, et même anglaise[6].

Charles Lesca est, de même, proche de la ligue *Le Franc Catholique*, créée par Mgr. Jouin (1844-1932), dont le nom

---

[1] « Informations – Un syndicat des journaux hebdomadaires est constitué », *L'Action française*, 3 juillet 1938, p. 2.

[2] « Ailleurs », *Je suis partout*, 7 octobre 1938, p. 5.

[3] Bertrand JOLY, « Le parti royaliste et l'affaire Dreyfus (1898-1900) », *Revue historique*, t. 269, Fasc. 2 (546), 1983, p. 330-331.

[4] « Cercles », *Excelsior*, 25 juin 1938, p. 2.

[5] « Les faits du jour – Le déjeuner de l'Œillet-Blanc », *L'Action française*, 28 mars 1939, p. 2.

[6] « Le carnet du Figaro – Dans le monde », *Le Figaro*, 9 mars 1939, p. 2

complet est *Ligue Anti-Judéomaçonnique Le Franc Catholique* (1927)[1]. Cette association, qui prône « une renaissance catholique et française »[2], organise des conférences mensuelles, et c'est précisément dans ce cadre que nous retrouvons le journaliste franco-argentin ; il préside la première conférence de l'année 1939[3]. Il a pu, de la sorte, informer les présents de la campagne antisémite menée par *Je suis partout*[4]. De même, il a pu agrandir son réseau personnel, se retrouvant lors de ces événements avec des habitués de ces rencontres : Xavier Vallat, Philippe Henriot (1889-1944), Abel Bonnard (1883-1968)[5]... Autant dire que cette association et les rencontres organisées par celle-ci permirent à Lesca de nouer des liens forts avec de futurs hauts dirigeants de la propagande et des institutions chargées de s'attaquer à la communauté juive sous l'Occupation[6].

Il entretient et développe ses liens internationaux avec des acteurs réactionnaires, surtout ceux avec les pays hispanophones. En Espagne, où il se rend quelques jours après la fin officielle de la guerre civile (parcourant les villes de Bilbao, Valladolid, Madrid et Burgos) il rencontre plusieurs autorités franquistes, dont le général Espinosa de los Monteros (1880-1953), gouverneur de Madrid, qui lui fait « l'honneur de compter parmi [s]es amis »[7]. Ses liens avec les dirigeants franquistes ne s'arrêtent pas là et il continue à être en contact avec eux, participant régulièrement à des invitations et des réceptions de l'ambassadeur d'Espagne à Paris, José Félix de Lequerica (1891-1963)[8].

---

1 Michel Jarrigue, « La vie et l'œuvre de Mgr Jouin, croisé de l'antimaçonnisme », *La chaîne d'union*, vol. 56, n° 2, 2011, p. 72-82.

2 Emmanuel Kreis, « Les réseaux antijuifs et antimaçonniques autour de la *Revue internationale des sociétés secrètes* (*RISS*) de l'entre-deux-guerres à la période de l'Occupation », *Revue d'Histoire de la Shoah*, vol. 198, n° 1, 2013, p. 123-124.

3 « Les amis de J.S.P. – Conférences », *Je suis partout*, 6 janvier 1939, p. 3.

4 Emmanuel Kreis, « Les réseaux antijuifs et antimaçonniques… », *op. cit.*, p. 129.

5 *Ibidem.*

6 *Ibid.*, p. 131

7 C. Lesca, « L'Espagne veut la paix – Choses vues », *Je suis partout*, 5 mai 1939, p. 4.

8 « Les faits du jour – En l'honneur d'« Occident » », *L'Action française*, 16 juin 1939, p. 3.

Sur le continent américain, Lesca rencontra, en personne, de nombreux nationalistes argentins dont Cosme Beccar Varela, ainsi que le futur président argentin Juan Domingo Perón (1895-1974)[1].

De plus en plus connu, et bien inséré dans différents cercles de pouvoir, le journaliste devient aussi une cible. Un épisode en particulier est digne de mention, celui de l'attaque personnelle subie vers la fin de l'année 1938. Pendant qu'il effectue un séjour en Argentine, le journaliste Paul Lévy (1876-1960) publie dans son hebdomadaire, *Aux Écoutes,* un article qui, tout en traitant *Je suis partout* de journal hitlérien, pointe l'hypocrisie de Lesca qui se présente en bon patriote français alors qu'en vérité, il est argentin de naissance[2]. Rapidement, le journal prend la défense de son administrateur et attaque le journaliste en raison de son appartenance à la communauté juive. De même, le père de l'offensé, prend sa plume pour défendre l'honneur de son fils. Pour ce faire, il signale que Charles Lesca est rentré à l'âge de six ans en France, et plus important encore, qu'il a combattu comme engagé volontaire pendant toute la « Grande Guerre »[3].

À son retour à Paris, le journaliste prend en charge sa propre défense, et après avoir remercié ses collègues et famille de l'avoir défendu, il exprime celle qui fut sa première réaction : « mon premier mouvement (…) a été de me gausser. Se faire traiter de métèque par un Juif est, en effet, assez réjouissant »[4]. Ensuite, tout en reprenant la même ligne de défense que son père, et sans nier sa double nationalité, il ajoute un éloge de son pays de naissance et en profite pour se présenter comme un humble serviteur de la France, et un protecteur de celle-ci face aux menées judéo-bolcheviques :

> Je n'ai pas à renier l'Argentine, grand et beau pays auquel me lient des sympathies et des amitiés, où vient de mourir un de mes oncles, dernier survivant, je crois, des grenadiers de la garde impériale, combattant de 1870. Mais JE N'AI QU'UNE PATRIE, la France, que j'ai servie pendant la guerre, et que j'ai l'impression de servir encore à *Je Suis Partout* contre tous les

---

[1] Uki GOÑI, *La Auténtica Odessa. La Fuga nazi a la Argentina de* Perón, Buenos Aires, Paidós, 2002, p. 110.

[2] « Délire juif », *Je suis partout*, 14 octobre 1938, p. 3.

[3] « Réponse au juif Lévy », *Je suis partout*, 21 octobre 1938, p. 3.

[4] C. LESCA, « Billet doux au Juif Lévy », *Je suis partout*, 4 nov. 1938, p. 3.

Lévy qui veulent s'en emparer et qui peuvent croire, hélas ! qu'ils ont déjà à moitié réussi[1].

Une fois sa défense assurée, et l'affaire close, Charles Lesca croyait pouvoir revenir à ses affaires rapidement et profiter de sa vie mondaine. Toutefois, le deuil bouleversa ses plans. Le plus acerbe de ses défenseurs, son père, Jacques-Hippolyte Lesca, meurt le 21 décembre 1938[2]. Cette lourde perte l'affecte. En même temps, elle fait de lui un riche héritier qui dispose dès lors d'une plus grande fortune, qu'il mettra sans tarder à la disposition de la défense et de la promotion de ses idées réactionnaires.

---

[1] *Ibidem.*

[2] « À Paris et ailleurs », *Le Jour*, 22 décembre 1938, p. 4.

Chapitre III
L'heure de la radicalité (1940-1943)

« Martyr » de la cause

L'entrée en guerre de la France le 3 septembre 1939 ne bouleverse ni les plans ni la vie quotidienne de Lesca, comme nous l'avons montré. Toutefois, l'ambiance devient de plus en plus tendue pendant la « drôle de guerre »[1]. Le pouvoir s'inquiète des organes de presse réactionnaires et surveille de près tous ceux qui n'ont jamais caché leur détestation envers le régime républicain : un véritable climat de suspicion s'installe[2]. Le journaliste, administrateur et rédacteur en chef temporaire[3] de *Je suis partout* pendant l'absence de Robert Brasillach, mobilisé, va être mis sous surveillance par ordre de la Direction Générale de la Sûreté Nationale en raison de ses prises de position bien connues[4].

Charles Lesca, dès les premiers jours de la guerre, souhaite une victoire française contre l'ennemi allemand, tout en signalant les erreurs du passé et précisant que l'objectif ne doit pas être d'abattre le régime d'outre-Rhin mais de défaire le pays pour que l'histoire ne se répète plus jamais :

> On peut dire que la guerre de 1939 est la conséquence de la mauvaise paix de 1919 (…). Voilà notre but de guerre. Il ne doit

---

[1] Amaury BERNARD, *Une guerre en suspens, 26 août 1939 – 10 mai 1940. Quand les combattants allemands, britanniques et français attendaient*, thèse doctorale soutenue à l'Université Paris Nanterre le 21 novembre 2019, sous la direction d'Annette BECKER.

[2] Fabrice VIRGILI, « Du Traître à la Cinquième colonne, France 1939-1945 », *in* Sylvain BOULOUQUE, Pascal GIRARD (dir.), *Traîtres et trahison*, Paris, Seli Arslan, 2007, p. 44-64.

[3] Bénédicte VERGEZ-CHAIGNON, *Le dossier Rebatet…*, *op. cit.*, p. 254.

[4] Archives nationales (Paris). Intérieur. Fichier central de la Sûreté nationale : dossiers individuels de LEF à LEX. 19 940 459/223. Dossier n° 20256 : LESCA, Charles (1940).

> pas être de vaincre Hitler parce qu'il est antidémocrate et ennemi de la liberté (…). Nous serons de ceux qui répéteront inlassablement cette évidente vérité jusqu'à la victoire, qui ne sera une victoire que si l'unité allemande ne lui survit pas[1].

Ainsi, le journaliste s'abstient de critiquer le national-socialisme allemand et ses dirigeants et défend, en même temps, une victoire de la France, sans jamais évoquer, par ailleurs, que celle-ci a besoin d'un régime républicain pour réussir son entreprise. Il ne trahit pas ses principes de bon patriote français mais apporte des nuances qui sont loin d'être anodines.

Un patriotisme que certains ne croient pas sincère et dont l'expression la plus nette fut l'accusation du député conservateur Henri de Kerillis (1889-1958) à l'encontre de Charles Lesca et de *Je suis partout*, qui sont dépeints comme des agents de l'Allemagne dans les pages de *L'Époque*[2]. Aussitôt Lesca, au nom de l'équipe, annonce un procès en diffamation en raison des affirmations « mensongères » du député de la Seine[3]. Ce mouvement, loin de dissuader l'élu, conduira à un engagement plus important et avertira la présidence du Conseil et l'Assemblée Nationale, des activités hitlériennes en France, mais sans succès[4].

Le monde politique ne semble pas prêt à entendre ces propos, mais la justice, elle, s'empare du sujet assez rapidement. Le 29 mai 1940, contre toute attente, Charles Lesca est perquisitionné à son domicile par la police judiciaire sous le regard du commissaire Louit[5]. Le siège de *Je suis partout*[6] et les domiciles des principaux collaborateurs de celui-ci subiront le même sort[7]. Ces perquisitions, ordonnées par le ministre Georges Mandel (1885-1944), marquent le point de départ de ce que

---

[1] C. LESCA, « Tour d'horizon – Par intérim », *Je suis partout*, 8 septembre 1939, p. 3.

[2] Jean-Yves BOULIC, « Chapitre 12. « Français, voici la guerre ! », *in* Jean-Yves BOULIC, Annik LAVAURE, *Henri de Kerillis : L'absolu patriote*, Rennes, Presses universitaires de Rennes, 1997, p. 181-190.

[3] « Revue de la presse – La diversion pro-russe », *L'Action française*, 15 janvier 1940, p. 4.

[4] Jean-Yves BOULIC, « Chapitre 12. "Français, voici la guerre !" » …, *op. cit.*

[5] C. LESCA, *Quand Israël se venge*, Paris, Grasset, 1941, p. 17.

[6] *Ibid.*, p. 18.

[7] *Ibid.*, p. 14-15.

Charles Lesca vivra et racontera comme s'il s'agissait d'un vrai martyr dans son livre *Quand Israël se venge* (1941). Dans cet ouvrage, il se présente comme victime. Il aurait été persécuté parce que perçu comme un ennemi politique alors que, pour lui, il se serait contenté de dénoncer « l'envahissement par les juifs des principales fonctions de l'État et de tous les postes d'où l'on peut influencer l'opinion publique »[1].

Ce livre, écrit à la première personne et teinté de jugements de valeurs s'avère, somme toute, précieux, et ce pour deux raisons. D'abord, il nous permet de retracer minutieusement la vie quotidienne de Lesca pendant ses démêlés judiciaires et son internement dans un camp de prisonniers. Ensuite, les noms des personnes qu'il évoque ainsi que ses jugements sur les événements deviennent un élément important qui, à l'aide d'autre sources, nous permettent de mieux comprendre son périple entre les mois de mai et juin 1940.

Grâce à cet ouvrage nous apprenons que, deux jours après avoir été perquisitionné, il est convoqué chez le commissaire Ducher pour être interrogé sur les fonds du journal qu'il administre[2]. Il s'agit donc, dans un premier temps, d'une enquête qui viserait à déceler une probable mainmise allemande par le biais du financement. Certains collaborateurs de l'hebdomadaire, tels Jean Fontenoy (1899-1945), Alain Laubreaux (1899-1968) ou Lucien Rebatet, commencent à se téléphoner et à se réunir, parfois chez Lesca[3], pour essayer d'analyser leur situation.

Certains journalistes de la rédaction se laissent emporter par la rage, la colère ou bien la peur, mais ce n'est pas le cas de Lesca, à en croire le témoignage de Rebatet. Le Franco-Argentin se contente d'analyser calmement les scénarios judiciaires possibles et continue à mener une vie normale, à un moment où presque tous les journalistes, hommes politiques et amis se gardaient de soutenir les membres de *Je suis partout*[4].

Le calme ne dure pas longtemps, et, avec Laubreaux, il est convoqué le lundi 3 juin au cabinet du commissaire Ducher, quai

---

[1] *Ibid.*, p. 11.
[2] *Ibid.*, p. 19.
[3] C. LESCA, *Quand Israël…*, *op. cit.*, p. 20.
[4] Lucien REBATET, *Les décombres,* Paris, Éditions Denoël, 1942, p. 235-236.

des Orfèvres[1]. Ils croient d'abord à une simple formalité, mais ils seront gardés à vue pendant 48 heures. Après ce délai, ils sont informés que, par ordre du gouvernement militaire de Paris, ils seront incarcérés à la Prison de la Santé[2]. Le 7 juin, Lesca reçoit des nouvelles de sa femme par le biais de son avocat, Maître René Gain (1889-1949), qui l'informe aussi que le lendemain il sera conduit devant le juge Pierre Béteille[3]. Cette dernière information n'est pas une bonne nouvelle pour lui car l'homme qui doit statuer sur son sort est le même qui a instruit, dissout et incarcéré, sous le Front populaire, les ligues d'extrême droite et tous leurs membres, les fameux membres de « la Cagoule »[4]. Le 8 juin, le juge confirme sa peine de prison pour avoir reçu des subventions de l'Allemagne et avoir fait de la propagande pro-hitlérienne[5].

En même temps, la radio répand la nouvelle de l'arrestation de Lesca, Laubreaux, Pierre Mouton (1896-1945), Clément Serpeille de Gobineau (1886-1944) et Robert Fabre-Luce (1897-1983), présentés comme des membres de la cinquième colonne[6], à la grande rage de Rebatet : « Et Gaxotte, le fondateur de notre journal (…) de quel prix avait-il payé son impunité, le silence (…) fait autour de son nom ? »[7].

Un seul homme de renommée nationale défend publiquement son ami incarcéré, Charles Maurras, dans le numéro de *L'Action française* du 7 juin 1940 :

> Je connais M. Charles Lesca depuis fort longtemps. J'ai l'honneur d'être son ami. Directeur de *Frontières*, administrateur de *Je suis partout*, il m'a donné de nombreuses occasions de causer avec lui. Je n'ai jamais surpris la moindre divergence sur nos idées de politique nationale. Il avait coutume de trouver notre politique

---

[1] C. LESCA, *Quand Israël…*, *op. cit.*, p. 22.
[2] *Ibid.*, p. 31.
[3] *Ibid.*, p. 36.
[4] Frédéric MONIER, « La Cagoule : réseaux et organisation », *in* Frédéric MONIER (dir.), *Le complot dans la République. Stratégies du secret, de Boulanger à la Cagoule*, Paris, La Découverte, 1998, p. 271-296 ; Frédéric MONIER, « Le CSAR, terrorisme et tentative de putsch », *in* Frédéric MONIER (dir.), *Le complot dans la République. Stratégies du secret, de Boulanger à la Cagoule*, Paris, La Découverte, 1998, p. 297-320.
[5] C. LESCA, *Quand Israël…*, *op. cit.*, p. 37.
[6] Lucien REBATET, *Les décombres…*, *op. cit.* p. 245.
[7] *Ibid.*, p. 246.

> intérieure passible de certaines objections. Notre politique extérieure, non : là, disait-il, accord complet. Comment la politique étrangère qui nous était commune eût-elle pu comporter un complot contre la sûreté de l'État[1] !

La protestation de l'écrivain et idéologue n'épargnera pas Lesca de purger sa peine. Cependant, la prison de la Santé n'est plus sûre pour les prisonniers en raison de l'avancée des troupes allemandes. Pour cette raison, le 10 juin, ils sont tous rassemblés et conduits en bus au camp des Groues, près d'Orléans[2]. L'ambiance est tendue, car reconnu par les communistes, il craint pour sa vie, mais, contre toute attente, il sera protégé par un groupe d'anarchistes, qui le protège lui et Laubreaux, juste par logique d'opposition aux premiers[3]. Leur séjour ne sera pas long, en raison des bombardements allemands. Ils quittent le camp, enchaînés les uns aux autres, et à pied, le 15 juin, vers une destination qui leur est inconnue[4]. Entre marches à pied et trajets en bus, entre le 16 et le 21 juin, ils descendent vers le sud-ouest faisant halte à Avord[5], Barbezieux[6] , Bordeaux[7] et Labouheyre[8] avant d'arriver à leur destination finale, le camp de Gurs[9]. Un lieu qui est loin d'être anodin pour Lesca qui connaît celui-ci de nom car il a été « construit par les Espagnols rouges, il y a un peu plus d'un an »[10].

C'est dans ce camp que, curieusement, il vit une certaine camaraderie avec l'anarchiste et pacifiste Louis Lecoin (1888-1971)[11] avec qui échange régulièrement des renseignements et même du tabac. Ceci n'empêchera pas Lecoin d'essayer de convaincre Lesca des dangers de ses idées fascistes : « Maintenant

---

1 Bénédicte VERGEZ-CHAIGNON, *Le dossier Rebatet…*, *op. cit.*, p. 445.

2 C. LESCA, *Quand Israël…*, *op. cit.*, p. 40, 44, 49.

3 *Ibid.*, p. 49.

4 *Ibid.*, p. 53.

5 *Ibid.*, p. 65.

6 *Ibid.*, p. 75.

7 *Ibid.*, p. 77.

8 *Ibid.*, p. 80.

9 Émile VALLES, *Itinéraires d'internés du Camp de Gurs 1939-1945*, Pau, Éditions Cairn, 2016.

10 C. LESCA, *Quand Israël…*, *op. cit.*, p. 81.

11 Pierre-Frédéric CHARPENTIER, « Autonome 1939, l'échec face à la guerre : les cas de Louis Lecoin et de Henri Jeanson », *Aden*, vol. 7, n° 1, p. 56-74.

que vous y êtes passé et que vous savez ce que c'est, j'espère que vous ne demanderez plus jamais la prison pour personne »[1].

Deux jours après son arrivée, le journaliste réussit à convaincre le responsable du camp, le capitaine Kersaudy, de poster des lettres en son nom, ce qu'il accepte. Des lettres où, tout en défendant son honneur et son patriotisme, il demande de l'aide à sa femme et à ses « amis d'Espagne »[2]. En attendant une intervention de son réseau d'amitiés, il est envoyé dans la baraque des isolés[3]. Plus concrètement, dans la baraque n° 20, consacrée aux traîtres et aux espions, où il est en compagnie des personnes suivantes[4] : le baron Robert Fabre-Luce, écrivain d'extrême-droite, co-fondateur de l'Alliance raciste européenne (1933)[5] et défenseur d'un rapprochement avec l'Allemagne nazie ; Clément Serpeille de Gobineau, journaliste réactionnaire proche du national-socialisme ; Alain Laubreaux, collaborateur à *Je suis partout*, voulant un rapprochement entre l'Allemagne et la France et ami de Charles Lesca ; le baron Léo Hirsch, agent des services secrets allemands[6].

Le 27 juin, après de longues journées à réfléchir sur les nouvelles politiques et sur sa vie, Lesca reçoit une nouvelle salutaire. Le capitaine Kersaudy l'informe que le vice-consul d'Espagne à Oloron a reçu comme ordre de son ambassadeur d'aller le rencontrer[7]. Le lendemain, ce n'est pas le vice-consul, mais sa femme et l'attaché naval à l'ambassade d'Espagne, Rafael Espinosa de los Monteros, qui l'attendent. Il est libre[8].

La pression des autorités franquistes, interpellées par sa femme, ont porté ses fruits et réussi à libérer Lesca, mais ce ne furent pas les seules autorités à contribuer. Le préfet des Pyrénées-Atlantiques, Angelo Chiappe (1889-1945), proche de

---

[1] C. LESCA, *Quand Israël…*, *op. cit.*, p. 84.
[2] *Ibid.*, p. 85, 88.
[3] *Ibid.*, p. 92.
[4] *Ibid*, p. 92, 93, 95.
[5] Lionel RICHARD, *Le Nazisme et la Culture*, Bruxelles, Éditions Complexe, 1988, p. 312.
[6] Rémi KAUFFER, *Les femmes de l'ombre. L'histoire occultée des espionnes*, Paris, Perrin, 2019, p. 227.
[7] C. LESCA, *Quand Israël…*, *op. cit.*, p. 104
[8] C. LESCA, *Quand Israël…*, *op. cit.*, p. 107-108.

l'Action française a aidé aussi sa femme dans son entreprise[1]. Le couple, reconnaissant, rend visite à ce dernier, après quoi, ils rejoignent Jean Maubourguet, ami et ancien compagnon d'armes pendant la Grande Guerre de Charles Lesca, dans sa maison, où ils resteront comme hôtes jusqu'au 26 août[2].

C'est donc chez les Maubourguet qu'il apprend, à la mi-août, l'ordonnance de non-lieu en sa faveur et celle de Laubreaux, transmise par le juge d'instruction du tribunal militaire de la XIIe région, rapidement fuitée et reproduite par la presse[3]. Tous ses biens lui sont restitués et il entre rapidement en contact avec certains membres de l'équipe de *Je suis partout*, dont Rebatet à qui il fait part de son intention de faire paraître à nouveau leur titre, et ce en zone occupée :

> On fera reparaître le journal. Mais où ? Je ne vois pas la possibilité que ce soit ailleurs qu'à Paris. Comme nous ne pouvons songer à paraître en zone occupée, il nous faudra donc attendre que le gouvernement rentre à Paris ou que nous obtenions l'autorisation du Maréchal[4].

Cet extrait de la lettre envoyée le 20 août nous apprend donc la détermination de Lesca à ce que cela soit Paris, comme toujours, la ville qui accueillera l'imprimerie de *Je suis partout*. Un choix qui est loin d'être anodin. Il s'oppose à l'avis de son maître idéologique, Charles Maurras, et met en avant le fait de sa capacité à travailler sous contrôle allemand. L'ennemi d'il y a quelques mois, s'avère donc être, pour Lesca, une présence tolérable.

À son retour à la capitale, il convoque une assemblée générale afin de présenter son plan, et récupère au passage son titre d'administrateur délégué[5]. Il profite également de son aura de victime, et d'un contexte où la presse le présente comme un

---

[1] *Ibid.*, p. 109.

[2] *Ibid.*, p. 110-111.

[3] « Un jugement de réhabilitation – Charles Lesca et Alain Laubreaux bénéficient d'un non-lieu », *Le Jour*, 13 août 1940, p. 2 ; Charles MAURRAS, « La politique – II.- L'iniquité est réparée », *L'Action française*, 15 août 1940, p. 1.

[4] Bénédicte VERGEZ-CHAIGNON, *Le dossier Rebatet*..., *op. cit.*, p. 666.

[5] « Je suis partout – Avis de convocation d'Assemblée générale », *La Loi*, 7 septembre 1940, p. 2.

homme libre grâce à l'intervention du Maréchal Pétain[1], pour concéder quelques entretiens à la presse. « Victime du plus ignoble arbitraire »[2] et « irréprochable Français »[3], Lesca n'hésite pas à accuser la République d'avoir assassiné le journaliste Thierry de Ludre (1903-1940) ainsi que d'autres codétenus déplacés par la force en juin 1940 :

> Votre « compagnon » Thierry de Ludre a été assassiné (…). Je l'ai vu, répondit l'homme. J'ai assisté à la scène. Le comte de Ludre est tombé évanoui (…). un garde mobile lui a logé une balle dans la tête (…). Dans la nuit tragique où nous quittâmes Orléans menottes aux poignets, mes compagnons et moi avons tous nettement perçu le bruit de plusieurs détonations espacées qui n'avaient rien de comparable aux explosions de la ville. Il s'agissait, j'en suis certain, de détonations de pistolets[4].

La fin de son « martyr » et son retour à la capitale pour profiter de sa nouvelle image de survivant signifiaient aussi une autre fin, celle de la Troisième République et du régime démocratique en France.

Le rôle que peut jouer le monde hispanophone

Le retour à Paris après avoir été enfermé dans le camp de Gurs et sa motivation pour jouer un rôle politique plus important comme nous le verrons par la suite, n'effacent pas l'intérêt de Lesca pour l'actualité des pays de langue espagnole. Cela étant, les articles qu'il publiera, par ailleurs bien moins nombreux entre 1940 et 1943, seront marqués par la guerre. Chaque ligne consacrée aux républiques latino-américaines ou à l'Espagne se concentrent presque exclusivement sur l'importance politique des choix effectués par ces pays.

---

[1] « Coups de balai – Quand Mandel jouait les Fouché », *Le Cri du peuple de Paris*, 19 octobre 1940, p. 2.

[2] « Coups de balai – Pour rafraîchir la mémoire de M. Henri Jeanson », *Le Cri du peuple*, 11 novembre 1940, p. 2.

[3] *Ibidem.*

[4] « De Ludre a été assassiné affirme un témoin coïnculpé de Thierry de Ludre. Les déclarations de M. Charles Lesca », *Le Petit Parisien*, 22 octobre 1940, p. 3.

Qui plus est, il s'intéressera davantage à l'Espagne franquiste qu'aux républiques d'Outre-Atlantique. Les actualités du continent américain ne l'intéressent que si elles permettent d'attaquer le voisin états-unien. Un premier article, publié en décembre 1940, essaie d'alerter sur de fausses nouvelles qui circuleraient en Amérique du Sud sur la réalité européenne, les journaux latino-américains reprenant des informations de « deux agences juives »[1] de New York, l'*Associated Press* et l'*United Press*. De la sorte, les voisins des États-Unis ne se rendraient pas compte de qui est leur véritable ennemi :

> Que les nations de l'Amérique latine craignent une victoire des puissances totalitaires qui bouleverserait leurs idées et leurs économies, ce n'est pas douteux. Mais elles savent que leur adversaire immédiat le plus redoutable est la grande république du Nord. Toutes les manifestations verbales ne réussiront pas à faire du panaméricanisme une réalité politique et économique[2].

La propagande états-unienne aurait même permis d'influer sur la politique étrangère de la Bolivie, qui coupe les ponts avec l'Allemagne national-socialiste. C'est un scandale pour Lesca qui voit dans la démocratie bolivienne une farce concoctée pour mieux la soumettre aux intérêts des États-Unis :

> Les Boliviens de nos jours renient le général Melgarejo, sa tyrannie et ses exactions. Ils ont accédé à une démocratie libérale respectueuse de la « dignité humaine » et ils se rangent derrière les « défenseurs-de-la-liberté-des-peuples ». Beaucoup d'entre eux seraient surpris si on leur disait qu'ils sont plus esclaves des trust miniers, pétroliers et financiers qu'ils ne l'ont jamais été d'un dictateur, et qui, malgré tous ses brigandages, coûtait encore moins cher au pays que les grandes compagnies anglo-saxonnes qui sucent ses richesses[3].

Il y aurait toutefois, des pays plus clairvoyants que la Bolivie, pour preuve, la politique de résistance à Washington menée par l'Argentine. Ici, le journaliste est très clair dans sa pensée, les pays

---

[1] C. LESCA, « Amérique latine et États-Unis », *Le Cri du peuple de Paris*, 4 décembre 1940, p. 1.
[2] *Ibidem.*
[3] C. LESCA, « Dollar et livre agissent en Amérique du Sud », *Je suis partout*, 4 août 1941, p. 4.

à fort composant indigène, comme la Bolivie, ou les pays à forte présence de descendants africains, comme le Brésil, risquent plus de tomber dans les pièges tendus par les États-Unis. L'Argentine, elle, « est mieux armée pour la lutte », car en tant que « pays blanc », « plus évolué dans ses petites et moyennes classes »[1].

Toutefois, et malgré ses commentaires racistes, le journaliste n'est pas défaitiste et croit en la capacité de l'Amérique latine à se délivrer de son puissant voisin. La preuve la plus évidente qui lui permet d'être optimiste étant le soutien presque sans faille de tous les pays latino-américains, sauf le Mexique, aux soulevés espagnols contre la République pendant la guerre civile[2].

Ces analyses affichent son souhait d'une défaite anglo-saxonne dans la guerre, un résultat qui pourrait s'accélérer si, comme il le souhaite, les républiques latino-américaines tournent le dos aux États-Unis et décident de s'engager pleinement du côté des forces de l'Axe :

> En vérité, s'il était possible que demain l'Amérique du Sud envoyât à l'Europe tout ce qui manque à son ravitaillement en vivres et en matières premières, les longs convois se constitueraient aussitôt en dépit de Washington. Seul le blocus, seule la force les retiennent, mais nullement les prédications par lesquelles Roosevelt donne à la défense des intérêts juifs une apparence puritaine[3].

Les articles dédiés à l'Amérique latine, si nombreux avant la guerre, demeurent très rares face au volume consacré uniquement à l'Espagne. Ce pays voisin, en raison de sa nature politique, a toutes les raisons d'être proche du nouveau régime français. Lesca, qui a toujours été en contact avec les autorités franquistes et admiratif des combats menés par les franquistes, n'hésite pas à peindre un tableau élogieux du pays ibérique.

Il effectue un nouveau séjour en Espagne en 1942 et à son retour loue sans ambages les efforts de la dictature pour redresser le pays. Il parle ainsi de l'abondance des produits dans les

---

[1] C. LESCA, « États-Unis et Argentine ou la politique du maître chanteur », *Je suis partout*, 17 septembre 1941 », p. 3.

[2] C. LESCA, « L'Amérique latine et la guerre », *Je suis partout*, 26 mai 1941, p. 10.

[3] *Ibidem.*

restaurants et les boutiques malgré l'existence d'un rationnement[1], de l'absence de mendiants dans les rues[2] grâce à la « lutte sans merci contre la misère »[3], des villes éclairées et d'une activité commerciale importante qui contraste même avec la situation française[4]. Mais cette renaissance décrite a un prix, celui de la lutte contre les éléments subversifs. Il a confiance dans les capacités du gouvernement franquiste de « se prémunir contre les menées anglo-saxonnes, très actives »[5] et de combattre l'ennemi intérieur, comme il l'a vu *in situ* : « Trop de prisons et de camps de concentration sont encore plein de rouges. Tous les jours, les journaux annoncent des arrestations d'hommes et de femmes convaincus de crimes pendant la guerre ou de propagande communiste actuellement »[6].

C'est ce travail de lutte contre l'ennemi intérieur, ainsi que les fatigues de la guerre, qui explique, selon lui, la raison de la neutralité espagnole dans le conflit mondial. Cette nation est loin d'être lâche comme le racontent « dans les milieux anglophiles et gaullistes »[7]. La preuve irréfutable pour le journaliste franco-argentin se trouve dans les « 20 000 Espagnols volontaires de la *Division Bleue*, qui se battent depuis plus d'un an sur le front de l'Est avec une vaillance à laquelle le commandement allemand a plusieurs fois rendu hommage »[8].

On s'aperçoit que l'objectif de Lesca n'est pas seulement de rapprocher la France occupée de l'Espagne franquiste en présentant ce dernier pays sous un beau jour, mais aussi de lui rendre hommage par sa lutte pionnière contre ce qu'il considère les pires ennemis de l'humanité :

---

[1] « M. Charles LESCA nous parle de son voyage en Espagne », *Aujourd'hui*, 24 décembre 1942, p. 1.

[2] « Les événements qui ensanglantent le monde sont le prolongement de la guerre civile espagnole » déclare M. Charles Lesca », *La Gazette de Biarritz-Bayonne et Saint-Jean-de-Luz*, 26 décembre 1942, p. 1.

[3] C. LESCA, « L'Espagne renaissante fait face à son destin », *Je suis partout,* 8 janvier 1943, p. 1.

[4] *Ibidem.*

[5] « Les événements qui ensanglantent le monde... », *op. cit.*, p. 4.

[6] C. LESCA, « L'Espagne renaissante... », *op. cit.*, p. 8.

[7] C. LESCA, « Neutre dans la guerre l'Espagne a fait son choix contre le bolchevisme », *Je suis partout*, 15 janvier 1943, p. 4.

[8] *Ibidem.*

Mesure-t-on suffisamment l'immense service que l'Espagne a ainsi rendu à l'Europe ? (...) En libérant leur pays de la domination marxiste, les Espagnols ont libéré l'Europe d'une grave menace, d'un immense danger. La victoire des Espagnols sur le communisme, c'est la victoire de l'Occident sur les Asiates[1].

Lesca est admiratif du travail accompli par l'Espagne et ses dirigeants[2]. La propagande pro-franquiste qu'il propage est le fruit de sa reconnaissance personnelle. Qui plus est, comment oserait-il critiquer un « État national-syndicaliste (...) socialiste, totalitaire, anticapitaliste, antidémocratique et antijuif » qui « s'apparente au national-socialisme et au fascisme »[3] ? L'Espagne, c'est un pays ami, défend-il à chaque article, et qui, de plus, apprécie l'Hexagone, la moindre des choses pour Lesca c'est de lui rendre la pareille : « Arriba Francia ! me disaient mes amis espagnols lorsque j'ai quitté l'Espagne. Le ciel les entende. C'est du même cœur que je leur ai répondu : Arriba España! »[4].

Un engagement de plus en plus politique

L'arrestation et l'emprisonnement de Charles Lesca en mai-juin 1940, loin de le détourner de l'idée de s'afficher publiquement, produit le contraire. Avant même de revenir à la capitale, en août 1940, il proclame son intention de soutenir, par le biais de *Je suis partout* et par ses propres initiatives, la naissance d'un nouveau régime autour de Pétain et de ses hommes forts :

Il faut que *Je suis partout* reparaisse, non seulement pour notre satisfaction, mais parce qu'il aura un rôle plus utile que jamais à jouer. Nos idées triomphent sans doute, mais elles ont besoin d'être défendues. Beaucoup trop de salopards sont restés en place à des postes d'exécutants et font un sabotage en règle. Quelques ministres même ne semblent pas du tout décidés à faire la révolution nationale[5].

---

[1] C. LESCA, « L'Espagne et l'Europe », *Je suis partout*, 11 juin 1943, p. 1.
[2] C. LESCA, « Serrano Suñer », *Le Cri du peuple de Paris*, 22 octobre 1940, p. 1- 3.
[3] C. LESCA, « L'Espagne... », *op. cit.*
[4] C. LESCA, « Neutre dans la guerre l'Espagne... », *op. cit.*
[5] Bénédicte VERGEZ-CHAIGNON, *Le dossier Rebatet...*, *op. cit.*, p. 740.

Partisan de la Révolution Nationale[1] il se rend à Vichy, avec Alain Laubreaux, à la fin de l'année 1940 pour tenter de prêter main forte au nouveau régime[2]. Son ambition de contribuer à cette entreprise sera vue comme surprenante par ses proches. Rebatet ne s'explique cette envie que par l'idée de s'afficher comme un personnage célèbre à Paris car autrement, la révolution, qu'il soutenait, l'aurait sans doute presque ruiné : « la première mesure eût été d'amputer de moitié sa fortune »[3].

Quelques mois plus tard, en mars 1941, Charles Lesca publie son livre-récit, *Quand Israël se venge*. Ce livre sert à son auteur à faire circuler trois idées clés sur sa personne. Il se présente comme un homme qui ne renie pas ses convictions fascistes malgré les souffrances vécues, comme un antisémite convaincu et un homme prêt à combattre pour changer la France. Bref, un homme digne de confiance au service du fascisme et de la Collaboration.

De plus, il veut se donner une image de personne magnanime et influente, publiant une lettre ouverte adressée à Pétain en mars 1941 pour demander la libération de l'anarchiste Louis Lecoin, avec qui il avait partagé le malheur au camp de Gurs :

> On imagine avionneurs et politiciens, gras et luisants, sortis d'un internement bénin sans grand dommage mais pleins de rancœur et complotant contre l'ordre nouveau que vous vous êtes juré d'instaurer en France (…). Lecoin, lui, a beaucoup souffert (…). Pourtant aucun désir de vengeance n'animait ses propos (…). Il y a des rêveurs qui peuvent être dangereux pour une société. Faut-il, sans jugement, les condamner à la déportation et à la mort presque certaine ? Monsieur le Maréchal, rendez Lecoin à sa femme et à sa fille. Ce sera une œuvre de justice digne de votre grandeur[4].

Cette compassion affichée portera ses fruits. Lecoin sera libéré en septembre[5] mais, c'est pourtant loin d'être le véritable moteur ou trait principal du caractère de Charles Lesca. Quelques

---

[1] Alya AGLAN, « L'emprise de Vichy : la révolution nationale ou la France à l'envers (1940-1942) », *in* Alya AGLAN, *La France à l'envers. La guerre de Vichy (1940-1945)*, Paris, Gallimard, 2020, p. 21-89.

[2] Bénédicte VERGEZ-CHAIGNON, *Le dossier Rebatet…*, *op. cit.*, p. 749.

[3] *Ibid.*, p. 749-750.

[4] C. LESCA, « Pour la libération de Lecoin. Lettre ouverte à Monsieur le Maréchal Pétain », *Je suis partout*, 28 mars 1941, p. 2.

[5] « Une bonne nouvelle », *Je suis partout*, 20 septembre 1941, p. 2.

jours avant l'envoi de cette lettre, le 6 mars, le journaliste avait eu un différend avec Maître Maurice Garçon (1889-1967), où il fit preuve de son tempérament bagarreur. L'avocat, qui subissait une campagne de harcèlement dans les colonnes de *Je suis partout* depuis des semaines, avait dit à Lesca et Laubreaux lors d'un procès : « Je vois que ces Messieurs de *Je Suis Partout* ont retrouvé leur liberté et leur vertu à la faveur de la défaite de la France »[1]. Au théâtre Édouard VIII, devant tout le monde, Lesca croise l'avocat et lui lance en pleine face : « Vous êtes un lâche »[2].

L'affaire était loin d'être finie, car Garçon profite de l'incident pour attaquer en justice Lesca et son hebdomadaire pour diffamation. Le procès, prévu initialement le 10 avril 1941, sera renvoyé au 10 juillet pour « raisons professionnelles » qui occupent ce jour-là Lesca à Vichy[3]. Les deux hommes se retrouvent au tribunal, et ils apprennent que la justice a décidé, une fois de plus, de renvoyer leur cas, au 5 décembre de l'année en cours. Lesca, en colère, va à la rencontre de l'avocat et lui assène : « Vous savez, Garçon, l'affaire a beau être renvoyée au 5 décembre, vous êtes tout de même un lâche (...), chaque fois que je vous y rencontrerai, je vous rappellerai que vous êtes un lâche »[4]. Le verdict tombe à la fin de l'année, malgré son ardeur et ses amitiés hauts-placées, le journaliste est condamné à verser 10 000 francs de dommages-intérêts à l'avocat[5].

Ce caractère combatif lui sera bien plus utile, et lui vaudra plus de reconnaissance dans sa lutte contre la communauté juive. Lesca, profitant du climat politique français dans la capitale comme à Vichy pour afficher sa haine, s'associe à tout type d'initiatives antisémites et nous le retrouvons ainsi, le 11 mai

---

[1] « « Je suis partout » et M. Maurice Garçon s'expliqueront en décembre », *Le Cri du peuple de Paris*, 11 juillet 1941, p. 3.

[2] *Ibidem.*

[3] « Maître Garçon poursuit un hebdomadaire en diffamation », *Le Matin*, 11 avril 1941, p. 3.

[4] « De tout un peu. Un lâche permanent », *Je suis partout*, 14 juillet, 1941, p. 2.

[5] « Épilogue judiciaire d'incidents de presse », *Je suis partout*, 13 décembre 1941, p. 3.

1941, à l'inauguration de l'Institut des Questions Juives[1] à Paris[2] ou le 27 septembre de la même année à la journée Drumont qui s'est tenue à l'exposition « Le Juif et la France »[3] où il dédicace des exemplaires de son livre[4].

En mai 1942, deux mois avant la rafle du Vel d'Hiv[5], Charles Lesca prend la parole à Magic-City devant cinq mille Parisiens, selon les organisateurs, dans un événement orchestré par *Je suis partout* intitulé « Nous ne sommes pas des convertis »[6]. C'est le plus grand événement public où, avec une grande véhémence, le journaliste prône la prise de mesures exceptionnelles afin de régler ce qu'il considère comme « le problème juif » :

> L'envahissement juif est à la base des malheurs de la France (…). Nous pensons et nous disons avec Céline (…), il ne peut pas y avoir de rénovation française sans un règlement préalable du problème juif (…) et pour ce règlement, il faut un statut draconien, sans aucune exception (…). Nous sommes en guerre avec le peuple juif (…). Nous sommes contre les Juifs (…). Il faut que la France soit sans détour, que sans hésitation, d'une façon nette, elle se déclare contre les Juifs, officiellement (…). Nous demandons que les Juifs soient mis à leur place, c'est-à-dire en dehors de la communauté française[7].

Il est vrai que jamais, ni à l'oral ni à l'écrit, de manière publique, Lesca n'avait été aussi loin. Pourtant, cela faisait des mois qu'il défendait des propos antisémites de la même teneur, mais il écrivait sous pseudonyme, sous le nom de « L'Ubiquiste ». Le journaliste lui-même se dévoile dans le dernier numéro de *Je suis partout*, le 16 août 1944, comme l'a

---

[1] Stéphanie DASSA, Valérie GERMON, Cédric GRUAT, « L'Institut d'étude des Questions juives : raison d'État et passion antisémite franco-allemande sous l'Occupation », *Revue d'Histoire de la Shoah*, vol. 179, n° 3, 2003, p. 120-176.

[2] Bénédicte VERGEZ-CHAIGNON, *Le dossier Rebatet…*, *op. cit.*, p. 745.

[3] André KASPI, « "Le Juif et la France", une exposition à Paris en 1941 », *Le Monde juif*, 1975, n° 79, p. 8-20.

[4] « La journée Drumont à l'exposition "le Juif et la France" » - Programme des conférences du 20 au 28 septembre », *Aujourd'hui*, 20 septembre 1941, p. 3.

[5] Maurice RAJSFUS, *La Rafle du Vél'd'Hiv*, Bordeaux, Éditions du Détour, 2002.

[6] « Une magnifique réunion de *Je suis partout* à Magic-City », *Le Cri du peuple de Paris*, 4 mai 1942, p. 3.

[7] « Cinq mille Parisiens acclament à Magic-City les orateurs et les idées de *Je suis partout* », *Je suis partout*, 9 mai 1942, p. 3.

déjà signalé Michael Fœssel[1]. Cet ubiquiste, qui n'est donc autre que Charles Lesca, alertait déjà en 1941 de l'existence d'une « sixième colonne juive »[2] et criait au scandale de la présence de symboles liés à cette communauté dans les rues de la France :

> En lisant un journal (…) nous avons eu l'étonnement de découvrir l'existence d'une rue Georges-de-Porto-Riche à Paris (…) un tourmenteur de la langue française et empoisonneur des âmes comme le Juif Porto-Riche a droit à ce symbole de la célébrité (…) la capitale est infestée par le mémorial des fausses gloires d'Israël. Il serait peut-être temps de procéder à une sérieuse révision, et non seulement à Paris, mais sur tout le territoire français[3].

Lesca, dans un article du 25 avril 1941, dénonce que les Juifs sont en train d'échapper aux mesures prises par le Commissariat Général aux Questions Juives[4] depuis sa création le 29 mars de la même année, et souhaite qu'ils soient frappés par l'ordonnance du 26 avril[5] dont il est apparemment au courant :

> Une Saint-Rathélémy devait marquer d'un impérissable souvenir la journée (…) mais les rats ne sont pas venus (…). Nous, des rats ? (…). Nous sommes des chats, nous le jurons (…). Il faut croire qu'il n'y a pas de preuve plus simple à fournir (…) puisque dans un Paris rongé, sucé, dévoré par les rats on en rencontre plus un seul au moment où l'on se met à les chercher. Je ne sais pas pourquoi cette histoire me fait penser à une histoire juive[6].

Le journaliste montre, sous pseudonyme comme en public, une volonté d'extermination de la communauté juive incontestable qui sera une constante jusqu'à la fin de ses jours. Dans cette ligne, à la période étudiée, il se permettra aussi, certes de manière anonyme,

---

[1] Michaël FOESSEL, *Récidive. 1938*, Paris, PUF, 2019, p. 24.

[2] L'Ubiquiste, « La sixième colonne », *Je suis partout*, 11 août 1941, p. 1.

[3] L'Ubiquiste, « Les rues aux Juifs », *Je suis partout*, 30 août 1941, p. 1.

[4] Laurent JOLY, *Vichy et le commissariat général aux questions juives : contribution à l'histoire de la Shoah en France : 1941-1944*, thèse doctorale soutenue à l'Université Paris 1 en 2004, sous la direction de Pascal ORY.

[5] Renée POZNANSKI, « Avant les premières grandes rafles. Les Juifs à Paris sous l'Occupation (juin 1940-avril 1941), *Les Cahiers de l'Institut d'Histoire du Temps* Présent, n° 22, 1992, p. 28 ; Laurent JOLY, « L'administration de l'État français et le statut des Juifs du 2 juin 1941 », *Archives juives*, vol. 41, n° 1, 2008, p. 29-30.

[6] L'Ubiquiste, « La guerre des rats », *Je suis partout*, 25 avril 1941, p. 1.

de dénoncer des compagnons de métier qu'il considère comme trop mous :

> L'hebdomadaire bicolore [*Le Rouge et le Bleu*] nous consacrait jeudi dernier deux pages pleines. Deux pages d'injures, naturellement (…). Le *bicolore* en est à son 42e numéro. Pendant quarante-deux semaines, il n'a pas publié une ligne, pas une seule ligne désobligeante pour les Juifs (…). Après 42 numéros, le doute n'est pas possible : le *bicolore* est bien un hebdomadaire philosémite (…). Il ne tient d'ailleurs qu'à M. [Charles] Spinasse de nous infliger un démenti. Qu'il parle un peu des Juifs. Pour voir[1]...

Enfin, nous pouvons évoquer un dernier article sous pseudonyme, paru en avril 1943, où Lesca justifie la Collaboration avec l'Allemagne et critique ce qu'il considère comme « la protection des Juifs » par l'État français :

> Tous les jeunes Français ne sont pas automatiquement contraints de participer à la Relève. Il y a des exceptions (…). Et puis, il y a les Juifs. Ceux-là, aussi extravagant que cela puisse paraître, sont en dehors du coup. Car on n'en veut pas – et l'on a, pour cela, d'excellentes raisons – dans les usines du IIIe Reich. De sorte que l'étoile de Sion est une fois de plus la meilleure des protections pour couper aux inconvénients de la guerre juive[2]...

Son antisémitisme, sa défense du fascisme et des États autoritaires dans le monde par le biais de son journal, ainsi que le fait de se présenter comme un martyr de la cause, permettent que Charles Lesca soit intégré et invité à participer aux mouvances politiques fascistes de son temps. Le journaliste est particulièrement proche du Parti Populaire Français et de son leader, Jacques Doriot (1898-1945)[3].

---

[1] L'Ubiquiste, « Ceux du sécateur », *Je suis partout*, 21 août 1942, p. 1.

[2] L'Ubiquiste, « La bonne étoile », *Je suis partout*, 2 avril 1943, p. 1.

[3] Jean-Paul BRUNET, *Jacques Doriot. Du communisme au fascisme*, Paris, Éditions Balland, 1986. Robert SOUCY, « Le Parti populaire français », *in* Robert SOUCY (dir.) *Fascismes français ? 1936-1939. Mouvements antidémocratiques*, Paris, Autrement, 2004, p. 293-387 ; Jean VAVASSEUR-DESPERRIERS, « Le PPF, une formation radicale entre conservatisme et fascisme », *in* Philippe VERVAECKE (éd.), *À droite de la droite : droites radicales en France et en Grande-Bretagne au XXe siècle*, Villeneuve-d'Ascq, Presses universitaires du Septentrion, 2012, p. 275-296.

Le premier signe public de sa proximité avec ce mouvement politique se fait jour en octobre 1941, quand il s'associe, par lettre, à la réception prévue salle Wagram en hommage aux Volontaires Français contre le bolchevisme[1]. Un soutien aussitôt repris et affiché dans les pages de l'hebdomadaire du parti, *L'Émancipation Nationale*, où le nom de Lesca est associé à celui d'autres hommes de lettres tels Abel Bonnard, Alphonse de Châteaubriant (1877-1951) ou Paul Chack (1876-1945)[2]. Le 15 novembre, une lettre élogieuse à l'égard de Doriot est publiée :

> Devant m'absenter de Paris, je ne pourrai, à mon très grand regret, me joindre en personne aux amis de Jacques Doriot pour le salut qui lui sera adressé dimanche. Mais je serai de cœur et d'esprit avec vous tous et c'est avec émotion que je salue, en Jacques Doriot, l'homme politique lucide, l'ami au grand cœur et le légionnaire qui, avec ses camarades, donne un si magnifique exemple de dévouement à la Patrie[3].

Nous pouvons croire ces derniers mots sincères, car Lesca ne refuse pas de s'afficher en soutien du leader politique en personne. Début février 1942, il est présent au rassemblement du PPF au vélodrome d'Hiver, aux côtés des écrivains Louis-Ferdinand Céline (1894-1961) et Georges Suarez (1890-1944), d'hommes politiques comme Simon Sabiani (1888-1956) ou Marcel Déat (1894-1955), et d'autres personnalités principales de la Collaboration[4].

En même temps, le journaliste, sous son pseudonyme de *L'Ubiquiste*, devient de plus en plus radical et critique ouvertement le régime de Vichy, incapable de se défaire des anciens soutiens de la République[5] et complaisant envers les représentants des États-Unis, alors même qu'ils bombardent des villes françaises :

---

[1] « Parti populaire français – Le peuple de Paris a marqué sa volonté de voir la France rentrer dans le nouvel ordre européen », *Le Petit Troyen*, 29 oct.1941, p. 1.

[2] « Paris a rendu un émouvant et grandiose hommage à Jacques Doriot et à ses camarades de la Légion antibolchevik », *L'émancipation nationale*, 1er novembre 1941, p. 4.

[3] « Après la grandiose manifestation de Wagram en l'honneur de Jacques Doriot et de ses camarades de combat », *L'émancipation nationale*, 15 novembre 1941, p. 2.

[4] « L'inoubliable manifestation du Vélodrome d'Hiver », *Le Cri du peuple*, 2 février 1942, p. 4 ; « Le Meeting », *L'émancipation nationale*, 7 février 1942, p. 4.

[5] L'Ubiquiste, « Bourdes et Bourdets », *Je suis partout*, 10 juillet 1942, p. 1.

Il se trouve qu'aujourd'hui ce pays envoie ses « forteresses volantes » bombarder Rouen, et qu'il participe à l'attaque contre Madagascar (…). Quand on voit M. Tuck, chargé d'affaires, encore à Vichy, quand on sait l'action des consuls américains à Casablanca et à Rabat, on se demande, à vrai dire, ce que font encore sur le sol de France les représentants d'une pays ENNEMI, les fils ingrats des colonies révoltées du XVIIIe siècle[1].

L'engagement politique de Lesca au sein du PPF se confirme en novembre 1942, lors du IVe congrès du parti, quand le journaliste est nommé co-président de la commission de la presse avec d'autres collègues comme Eugène Gerber (1895-1952), Jean Lestrandi ou Henri Lebre (1894-1976)[2]. En qualité de représentant de *Je suis partout*, Lesca est aussi nommé membre d'un comité de vigilance créé au sein du parti afin de faire des propositions au gouvernement comme « I.- Déclarer immédiatement la guerre à l'Angleterre et aux États-Unis (…) III.- Adhérer au pacte antikomintern. IV.- Laisser se constituer un corps de volontaires »[3]. Le journaliste fait ainsi partie des rouages de la machine du parti, se faisant acclamer par la foule avec ses camarades[4].

Cette contribution à l'œuvre du parti de Jacques Doriot est constante jusqu'au milieu de l'année 1943. En mars de cette année-là, Charles Lesca est même nommé membre du comité central de la Légion des Volontaires Français contre le bolchevisme[5] où il siégera sous la présidence du secrétaire d'État Fernand de Brinon (1885-1947) et du secrétaire général de la Milice[6], Joseph Darnand (1897-1945)[7]. Pourtant, malgré ce poste

---

[1] L'Ubiquiste, « Americanophilis (maladie vénérienne…) », *Je suis partout*, 18 sept. 1942, p. 1.

[2] « Le 4e congrès du PPF – Les commissions au travail », *Paris-soir*, 7 novembre 1942, p. 2.

[3] « Pour la Révolution nationale et la défense de l'Empire – Les organismes de la région parisienne du Parti populaire français créent un comité de vigilance », *Le Cri du peuple*, 13 novembre 1942, p. 1.

[4] « Le quatrième congrès du PPF », *Gringoire*, 13 novembre 1942, p. 3.

[5] Aleksandr VERSHININ, « Français à la recherche d'eux-mêmes : « la légion des volontaires français contre le bolchevisme » au front de l'Est (1940-1944) », *Guerres mondiales et conflits contemporains*, vol. 275, n° 3, 2019, p. 55-67.

[6] Jean-Marc BERLIERE, « Milice française », *in* Jean-Marc BERLIERE (dir.), *Polices des temps noirs. France 1939-1945*, Paris, Perrin, 2018, p. 600-642.

[7] « De nouveaux membres entrent au Comité de la L.V.F. », *Le Progrès de la Somme*, 25 mars 1943, p. 3.

et ses quelques déclarations de soutien à Doriot, présenté comme un combattant de la France et de la civilisation occidentale[1], ou son hommage aux morts du PPF[2], Lesca semble prendre ses distances avec le mouvement dès l'été 1943. Sa nouvelle charge de directeur de *Je suis partout*, que nous analyserons plus tard et la tournure que prend la guerre, étant des éléments d'explication possible de son éloignement progressif de la première ligne.

Cela étant, il continue, tout au long de cette année-là, à donner son avis politique au sein de *Je suis partout*, et toujours sous pseudonyme. Il devient, de plus en plus, un fervent accusateur des faiblesses de la Révolution nationale et du régime de Vichy. Il donne de nombreux exemples pour défendre sa position, tels que l'incapacité de condamner l'assassin d'un membre du PPF[3] ou le fait que Mandel, Reynaud, Blum et Daladier n'aient pas encore goûté à la guillotine[4]. Preuve ultime, pour le journaliste, de la mollesse des « vichyssois », l'interdiction, en décembre 1943, de distribuer *Je suis partout* :

> Le gouvernement de Vichy vient d'entrer en action (…). Un préfet incapable a été limogé, sans retraite ni sinécure ? une famille d'escrocs juifs a été dépêchée sur un camp de concentration ? (…) Il y a le terrorisme, le banditisme (…) les milliardaires du marché noir, la famine dans les faubourgs des grandes villes, la trahison organisée de cinq cent mille fonctionnaires (…). Mais ce sont des détails négligeables (…). Vous ignoriez encore l'affreux danger qui menaçait la moitié de la France (…). Les foudres de Vichy sont tombées. *Je suis partout* est interdit en zone sud (…). Nous n'en sommes pas surpris. Ainsi procède-t-on, depuis trois ans, contre tous ceux qui ont eu la candeur de croire à la Révolution nationale et de vouloir l'imposer[5].

Nous constatons la tristesse et la rage du journaliste dans ces lignes où il laisse comprendre que les hommes de Vichy ont trahi

---

[1] « Un magnifique symbole », *Le Cri du peuple*, 27 mars 1943, p. 1 ; « L'hommage de l'élite française à Jacques Doriot – Des témoignages significatifs de… M. Charles Lesca », *L'émancipation nationale*, 3 avril 1943, p. 3.

[2] « L'hommage de Paris aux morts du PPF », *Le Cri du peuple*, 4 juin 1943, p. 2.

[3] L'Ubiquiste, « La saison des juges », *Je suis partout*, 17 septembre 1943, p. 1.

[4] L'Ubiquiste, « Les absents », *Je suis partout*, 22 octobre 1943, p. 1.

[5] L'Ubiquiste, « Enfin, Vichy tient un coupable ! », *Je suis partout*, 17 décembre 1943, p. 2.

ses principes et que les hommes qui, comme lui, croyaient vraiment à une Révolution nationale, ont été sacrifiés.

Pourtant, Lesca reste optimiste quant à l'avenir, comme il le laissait entendre dès l'été 1943. Dans un article du 6 août, il évoque pour la première fois, et sans peur, la possible défaite des fascistes français et italiens ainsi que de l'Allemagne dans la guerre. Ceci ne lui enlève pas le sommeil, car selon lui, le fascisme a déjà gagné :

> Mais le fascisme éliminé de sa terre natale [Italie] imprègne le monde. MM. Churchill et Roosevelt sont totalitaires. Totalitaires dans le présent. Totalitaires dans leurs projets d'après-guerre (...). Quelle que soit l'issue de la guerre, le monde de demain sera l'antithèse de ce qu'avaient rêvé les « grands ancêtres ». Même si l'on conserve les vieilles étiquettes, même si l'on répudie officiellement le fascisme, même si, pour une question de vocabulaire, on s'acharne à accabler les gens qui, comme nous, ont toujours vu juste et qui prétendent aujourd'hui ne rien renier de leur clairvoyance. Mais ce monde de demain, qui ne sera CERTAINEMENT pas démocratique, sera peut-être une horrible caricature du véritable fascisme[1].

Les années 1942-1943 voient se succéder des événements riches d'un point de vue politique pour Lesca, mais ces années s'avèrent aussi très importantes en ce qui concerne son insertion parmi les élites, sa place dans la vie mondaine, et surtout son pouvoir dans le monde des revues.

Cercles de pouvoir et monde de la presse : vers le contrôle total de *Je suis partout*

Une manière d'observer autrement les réseaux des élites consiste dans le recensement des présents lors des obsèques des personnalités. Ce moment particulier nous permet d'observer la proximité de Lesca avec des personnalités de renom de son époque. L'année 1942 s'ouvre précisément par l'enterrement de l'académicien maurrassien André Bellessort (1866-1942), célébré par Mgr Baudrillart (1859-1942) et Mgr Grente (1872-1959), où nous constatons la présence du journaliste franco-

[1] L'Ubiquiste, « FASCISME », *Je suis partout*, 6 août 1943, p. 1.

argentin avec, parmi d'autres, Abel Bonnard, Paul Morand (1888-1976), Georges Suarez (1890-1944) ou Lucien Rebatet[1]. Six mois plus tard, un nouvel enterrement, celui d'Albert Clément (1896-1942), rédacteur en chef du *Cri du peuple* abattu par des résistants communistes réunit Lesca et Jacques Doriot, Antoine-Marie Pietri, Jean Luchaire (1901-1946), Simon Sabiani (1888-1956), Henri Lèbre (1894-1976), Georges Blond (1906-1989)[2]... Tous ces noms viennent confirmer, une fois de plus, la bonne insertion de Charles Lesca au sein des milieux collaborationnistes, qu'ils soient hommes politiques, patrons de presse, journalistes ou écrivains.

Cette année 1942, l'administrateur de *Je suis partout* va participer aussi à la vie intellectuelle, faisant partie des signataires d'un manifeste de condamnation des attaques britanniques en territoire français à côté de plumes comme celles de Bonnard, Blond ou Céline[3]. Il participera également à des conférences sur la presse, la propagande, la paysannerie et l'Empire avec Horace de Carbuccia (1891-1975), Jacques Boulenger (1879-1944) ou Jacques de Lesdain (1880-1976)[4].

Toutefois la plus grande contribution intellectuelle écrite de Lesca à cette période se concentre en 1943. Cette année-là, il publie six articles au sein de *Je suis partout* et donne une conférence sur l'Espagne contemporaine. Ce dernier pays devient clairement son centre d'intérêt au détriment de sa bien-aimée Amérique latine, évoquée seulement en deux occasions et pour dénoncer rapidement les ingérences des États-Unis[5].

Le mardi 1er juin 1943, le Franco-Argentin assure une conférence au Théâtre des Ambassadeurs sur l'Espagne, ses traditions et son avenir au sein de l'Europe[6]. En présence d'un

---

1 « André BELLESSORT repose au cimetière Montparnasse », *Le Cri du peuple de Paris*, 28 janvier 1942, p. 3.

2 « Les obsèques d'Albert Clément », *Le Cri du peuple de Paris*, 8 juin 1942, p. 4.

3 « Un manifeste des intellectuels français », *L'Émancipation nationale,* 14 mars 1942, p. 6.

4 « La presse, la propagande, la paysannerie, l'Empire, tels furent les thèmes traités hier au Gaumont Palace », *Le Cri du peuple de Paris,* 7 novembre 1942, p. 4.

5 C. LESCA, « L'Amérique latine sous la botte des États-Unis nous dit M. Aunós, Ambassadeur d'Espagne à son retour de Buenos-Ayres », *Je suis partout*, 22 janvier 1943, p. 1-2.

6 « Une conférence de Charles Lesca », *Aujourd'hui*, 31 mai 1943, p. 2.

public nombreux parmi lequel on peut évoquer la présence de la reine Amélie du Portugal et de l'ambassadeur d'Espagne, José Félix de Lequerica, l'orateur, après une introduction où il regrette la méconnaissance de ce pays par les Français, loue le soulèvement nationaliste de 1936, et au-dessus de tout, Franco et son nouveau régime. Selon Lesca, « les Espagnols accomplirent leur mission historique européenne. Ils eurent l'honneur d'être les premiers à repousser l'assaut donné à l'Occident par les Bolcheviks »[1]. L'Espagne, en somme, a montré la voie, et la nouvelle France doit voire dans son voisin un modèle et un allié fidèle avec qui construire une nouvelle Europe.

Le monde de la presse, axe central du parcours de Lesca, n'est pas délaissé malgré tous les engagements évoqués. Au contraire, la période 1942-1943 est synonyme de sa montée vers l'apogée dans ce milieu. Le 30 juin 1942, Charles Lesca est nommé vice-président patronal du comité directeur du Groupement corporatif de la presse périodique générale[2]. Un poste hautement convoité auquel il est nommé non seulement grâce à ses liens mais aussi grâce à la bonne situation financière de *Je suis partout*. Selon Annie Lacroix-Riz, ce dernier journal dégage, en 1942, des bénéfices nets de trois millions de francs[3] ; l'équivalent actuel d'environ 900 000 euros. En qualité d'administrateur, après répartition avec tout l'équipe, le salaire de Lesca est estimé, après prélèvement du fisc à 500 000 francs[4], soit 150 000 euros actuels.

Cette bonne situation, aussi bien personnelle que collective, fait grandir les ambitions de Charles Lesca, qui estime que la réussite dépend en bonne mesure de la manière dont il administre *Je suis partout*. Aussi, fin 1942 - début 1943, commence-t-il à laisser comprendre à ses collègues qu'il convoite le titre de directeur de la publication. Le rédacteur en chef, Robert

---

1 « L'Espagne traditionnelle devant l'Europe d'aujourd'hui (Conférence de M. Charles Lesca aux Ambassadeurs) », *L'Émancipation nationale*, 12 juin 1943, p. 4.

2 « Le bureau du comité directeur de la presse périodique », *Paris-Soir*, 7 juillet 1942, p. 2.

3 Annie LACROIX-RIZ, *Les élites françaises entre 1940 et 1944 : de la collaboration avec l'Allemagne à l'alliance américaine*, Paris, Armand Colin, 2016, p. 38.

4 *Ibidem*.

Brasillach, s'y oppose fermement. Il n'est pas le seul ; d'autres contributeurs, tels Pierre-Antoine Cousteau (1906-1958), Blond et Rebatet, s'indignent également face aux prétentions de Lesca qui est perçu comme un bourgeois sans profondeur politique et dépourvu de style à l'heure d'écrire. Nous nous appuierons précisément sur les mémoires de Rebatet pour mieux observer, de l'intérieur, les luttes au sein même de l'équipe de *Je suis partout.*

À en croire Rebatet, la seule requête de Lesca était de faire figurer son nom à la une du journal avec l'intitulé de directeur politique, mais c'était lui faire trop d'honneur car le Franco-Argentin n'aurait jamais été consulté depuis sept ans sur des questions précises concernant la politique du journal[1]. De manière encore plus véhémente, Brasillach écrit :

> Les prétentions de Lesca sont moins que jamais de saison. Le journal va être très difficile à faire, j'en ai la responsabilité, je ne veux pas être emmerdé par ce capitaliste. Qu'il reste à sa place d'administrateur, et surtout qu'il n'en sorte pas[2].

Quelques semaines plus tard, lors d'une réunion de l'équipe de rédaction, Brasillach clarifie des points sur le positionnement politique du journal, afin de faire comprendre à Lesca qui était le seul maître de ces questions. Le rédacteur en chef considère qu'après la destitution de Mussolini en juillet 1943, *Je suis partout* devrait publier moins d'articles politiques, effectuer moins d'attaques envers les gaullistes, les Anglo-Saxons et les vichyssois[3]. Tout le monde accepte les propositions de Brasillach, exceptée la dernière, éviter de parler des Juifs. Lesca garde le silence tout au long de la réunion sans contredire personne[4].

Rebatet, Brasillach et ceux qui s'opposaient à l'ambition de Lesca croyaient avoir réussi à s'imposer sur l'administrateur mais ils vont rapidement se rendre compte qu'il n'en était rien ! Immédiatement après la réunion, en représailles, Lesca augmente son propre salaire afin de toucher exactement le double de Brasillach. Un acte qui rend furieux ce dernier et ses acolytes et qui les mènera à essayer de démontrer l'existence de possibles

---

[1] Bénédicte VERGEZ-CHAIGNON, *Le dossier Rebatet…*, *op. cit.*, p. 945.
[2] *Ibidem.*
[3] *Ibid.*, p. 946.
[4] *Ibid.*, p. 947.

malversations de Lesca au profit de son filleul Claude Maubourguet[1].

À peine une semaine plus tard, Brasillach, Blond et Poulain ont du mal à croire ce qui leur arrive. Pour la première fois, Lesca n'a pas seulement lu leurs articles et l'éditorial mais il s'est permis de les critiquer et d'insérer des appréciations afin qu'ils soient améliorés. Cette action est considérée par ceux qui sont visés comme une déclaration de guerre du Franco-Argentin, qui gagne alors des surnoms peu élogieux : le « Corned-Beef », le « ploutocrate des pampas », ou encore « le gangster d'Auteuil »[2].

En août 1943, Brasillach, Poulain, Blond et Rebatet se réunissent en secret pour essayer d'élaborer un plan afin de se défaire de Lesca[3]. Ils réunissent des documents et conviennent qu'il aurait commis une irrégularité en mettant des actions du journal au nom de son filleul sans en avoir fait part au conseil. C'est une accusation grave qui les oblige à mesurer leurs forces et à constater, eu égard aux positionnements des uns et des autres, notamment Jeantet et Laubreaux, que Lesca détient financièrement la majorité du journal[4].

Ils décident tout de même d'organiser une réunion au plus vite afin de confronter l'administrateur. La séance est tendue dès le départ, les contributeurs d'un camp montrant l'animadversion envers l'autre[5]. Rebatet comprend rapidement pourtant que la plupart des collaborateurs ne comprennent pas la raison de cette convocation extraordinaire. Pire encore, les pièces que Robert Brasillach disait avoir en sa possession pour prouver les méfaits de Lesca, n'existent pas. Sans difficulté, l'administrateur démonte les accusations du rédacteur en chef, qui se voit discrédité rapidement vis-à-vis de toute l'équipe[6]. Les pleins pouvoirs réclamés par Brasillach afin d'imposer une ligne plus modérée, lui sont, bien entendus, refusés[7].

---

[1] Bénédicte VERGEZ-CHAIGNON, *Le dossier Rebatet*..., *op. cit.*, p. 948.
[2] *Ibid.*, p. 950-951.
[3] *Ibid.*, p. 951.
[4] *Ibid.*, p. 952.
[5] Bénédicte VERGEZ-CHAIGNON, *Le dossier Rebatet*..., *op. cit.*, p. 955.
[6] *Ibid.*, p. 956.
[7] Pascal ORY, *Les collaborateurs*, Paris, Seuil, 1976, p. 124-125.

Quelques semaines plus tard, en septembre, une nouvelle réunion a lieu où Lesca est nommé directeur général de *Je suis partout*. Dans la même séance, Brasillach se démet du conseil d'administration avant de quitter le journal, accompagné seulement de Poulain et de Blond. Cousteau sera nommé directeur politique et les opposants à Lesca pourront garder leurs rubriques[1]. Ainsi, après des mois de manœuvres, et contre toute attente, Brasillach offre à son adversaire sur un plateau d'argent le titre tant convoité par ce dernier. Aussitôt, le 1er octobre 1943, *Je suis partout* paraît, pour la première fois, avec le nom de Lesca à la une, précédé de la mention de « directeur général ».

L'ascension de Lesca à cette nouvelle fonction ne marque pas seulement une réussite personnelle mais un durcissement de la ligne du journal. La publication se radicalise davantage, laissant le champ libre aux plus farouches défenseurs de la Collaboration. Le ton est donné quand Lesca publie lui-même un article intitulé « Pour une Europe fédérée sous la direction de l'Allemagne nationale-socialiste », et son second, Cousteau, publie seulement une semaine plus tard un article où il réclame le pouvoir pour les fascistes[2]. Lesca, désormais maître de *Je suis partout*, ne laisse aucune place pour la demi-mesure ou la modération. Son destin et son salut sont liés à jamais au fascisme.

---

[1] Bénédicte VERGEZ-CHAIGNON, *Le dossier Rebatet ...*, *op. cit.*, p. 985.
[2] Pascal ORY, *Les collaborateurs, op. cit.*, p. 126.

Chapitre IV
Résister, survivre et combattre (1944-1949)

Assumer la Collaboration

En 1944, Lesca est à l'apogée de sa renommée : il dirige *Je suis partout*, il est applaudi et suivi par les plus fervents partisans de la Collaboration, et bien entendu, par les autorités allemandes, et il jouit d'une influence sans conteste tout en augmentant sa fortune. Conscient de sa position, et farouchement fidèle à son positionnement politique, Lesca assume pleinement un discours de Collaboration avec l'Allemagne. L'année 1944 s'ouvre précisément avec une réunion organisée salle Wagram par le journal qu'il dirige et dont l'intitulé est très évocateur : « Nous ne sommes pas des dégonflés »[1]. En compagnie de l'intégralité des collaborateurs du journal[2], le directeur de *Je suis partout* défend devant plus de 10 000 personnes son souhait – qu'il croit une nécessité – d'approfondir les liens entre la France et l'Allemagne. Il prône « une réconciliation de la France avec l'Allemagne qui pourra être suivie d'une collaboration féconde »[3]. Ces propos seront martelés avec insistance et de manière récurrente, comme nous le prouve l'existence d'une réunion publique, seulement deux mois plus tard, en mars, salle de l'Alhambra, à Paris, dans le même but, portant le même titre et comptant la présence des mêmes acteurs[4].

Parallèlement à ces prises de parole, Lesca continue, la plupart du temps sous son pseudonyme, à souhaiter des actions

---

[1] « Nous ne sommes pas des dégonflés – 10 000 personnes ont acclamé à la salle Wagram l'équipe de Je suis partout », *Paris-Soir*, 17 janvier 1944, p. 1.
[2] « L'équipe de Je suis partout fait acclamer à Wagram le nom de notre Chef », *L'Émancipation nationale*, 22 janvier 1944, p. 1.
[3] « Nous ne sommes pas des dégonflés... », *op. cit.*
[4] « Publicité », *La petite Gironde*, 22 mars 1944, p. 2.

vraiment énergiques de la part du pouvoir, notamment en ce qui concerne tous ceux qui, pour lui, trahissent la France en rejoignant le camp gaulliste ou en désobéissant au pouvoir en place. En guise d'exemple l'une des propositions qu'il fait au Maréchal et à ses proches, sur le ton de la critique :

> Les Français donnent volontiers leur sang, mais c'est avec la plus extrême répugnance qu'ils acceptent de se laisser soulager de leur argent (…). Inutile de menacer de mort (…) le gangster du marché noir, le fonctionnaire saboteur, le trafiquant de faux papiers, l'officier félon, le maquisard impénitent (…). Un châtiment unique : la saisie de tous les biens mobiliers et immobiliers du coupable. Et pas seulement la saisie, la dispersion immédiate (…). On demande en somme que les hors-la-loi perdent tout (…). L'ennui c'est que cette solution est révolutionnaire. Et, dame, la Révolution, dite Nationale, a une insurmontable horreur de tout ce qui est révolutionnaire[1]...

Lesca dénonce l'aveuglement et l'incompétence du gouvernement de Vichy, mais cette fois, cela concerne la nomination des préfets. Lui et son journal auraient averti mille fois, à Paris comme en province, et ce depuis des mois, de la nécessité de placer de vrais révolutionnaires pour éviter le pire :

> Il faut croire que ce cri d'alarme (…) avait quelque fondement puisque, exactement comme nous l'avions annoncé, une douzaine de préfets viennent d'être pris en flagrant délit de double jeu (…). Or la plupart de ces préfets avaient été nommés récemment. On les avait préférés à des révolutionnaires authentiques. Car, malgré quatre années de révolution dite nationale, les révolutionnaires nationaux demeurent irrémédiablement suspects[2].

Pour Lesca, cette critique acerbe constante pointant la mollesse de Vichy et réclamant la prise de mesures drastiques n'est pas seulement un recours pour gagner la faveur des autorités allemandes ou présenter son journal comme une publication visionnaire, c'est qu'il croit fermement ce qu'il affirme depuis des mois. L'une des meilleures preuves de l'authenticité de ses sentiments est la déclaration qu'il signe, le 5 juillet 1944, avec des membres du gouvernement (Bonnard, Déat, Bichelonne, Brinon)

---

[1] L'Ubiquiste, « À vos poches… », *Je suis partout*, 31 mars 1944, p. 1.

[2] L'Ubiquiste, « Une certaine politique », *Je suis partout*, 26 mai 1944, p. 1.

et des collaborationnistes notoires (Luchaire, Doriot, Benoist-Méchin Drieu la Rochelle, Rebatet), et qui est adressée à Otto Abetz (1903-1958), ambassadeur d'Allemagne à Paris, où tous les signataires se dissocient de la politique de Laval et Pétain, demandent un remaniement et le retour des institutions à la capitale[1].

L'avancée des troupes alliées sur le territoire français est loin de faire peur ou de donner envie de se rétracter au directeur de *Je suis partout*. Cette nouvelle situation provoque l'effet contraire. Plus radical sur le terrain des décisions que sur le plan politique, il se montre aussi le plus radical sur le terrain de l'antisémitisme. Le 23 juin 1944, seulement dix-sept jours après le débarquement allié en Normandie, Lesca publie, sous pseudonyme, son attaque la plus féroce envers le peuple juif, appelant ouvertement à son extermination définitive :

> Puissent du moins ceux-ci [les projectiles allemands] précipiter le juste règlement des comptes de l'Europe avec ses plus cruels ennemis, je veux dire les Juifs. Ah ! si l'Europe, examinant dans un proche avenir le bilan de cette guerre terrible, pouvait dire devant son territoire mutilé mais purgé de sa vermine, à la manière du petit garçon de Léon Daudet : « N'a pus… N'a pus de Juifs »[2] !

Le philosophe Michaël Fœssel interprète cet article de Lesca comme une sorte de testament politique. Conscient de l'évolution de la guerre, Lesca justifie son positionnement politique par la lutte qu'il aura toujours mené afin que dans un futur, l'antisémitisme ayant triomphé, les nouvelles générations n'aient pas à traverser ce qu'il avait toujours présenté comme un martyre infligé par les Juifs[3].

La progression des alliés sur le territoire normand aura également pour incidence que le directeur de *Je suis partout* finira par relayer directement les informations allemandes qui invitent les Français à rejoindre les forces de sécurité de l'occupant. Cette action, considérée comme crime de haute trahison, fera couler beaucoup d'encre. La nouvelle parvient

---

[1] Marie SAULNIER BLOCH, *Le statut juridique du régime de Vichy : de Vichy à Sigmaringen : d'un statut l'autre*. Thèse de doctorat sous la direction de Victor MONNIER, Université de Genève, 2016, p. 91.

[2] L'Ubiquiste, « Le Napus », *Je suis partout*, 23 juin 1944, p. 1.

[3] Michaël FOESSEL, *Récidive…*, *op. cit.*, p. 26.

même de l'autre côté de l'Atlantique, où un journal résistant publié en Argentine dénonce l'événement et accuse son responsable :

> Dans « Je Suis Partout », de l'agent nazi Charles Lesca, a paru cet avis : « Les anciens combattants du front de l'Est libérés, désirant servir dans la police allemande peuvent s'adresser aux bureaux E. M. W. 2, place de Verdun, à La Rochelle ». La vérité sort aussi de la bouche des… agents[1].

La pression politique et militaire augmente au fur et à mesure que les jours avancent et pourtant Lesca reste sur le pont et continue à effectuer son travail. Le 16 août, à peine trois jours avant le début des combats pour la libération de Paris, il publie un article, signé de son propre nom, où il critique les fausses nouvelles qui affirment que lui et bon nombre de ses collaborateurs auraient quitté le pays[2]. Au passage, et sur un ton d'adieu, il réaffirme ses convictions qui reflètent l'honneur que la défense de ses principes lui procure :

> Nous avons, avec Marcel Déat, avec Jacques Doriot, avec bien d'autres, la conviction de détenir un certain nombre de vérités, qui sont des vérités de salut pour la France et pour l'Europe. Il n'a pas dépendu de nous que nous puissions continuer à combattre sans interruption pour leur victoire, et quel que fut l'aspect de la bataille. Mais la vérité reste la vérité, et ce n'est pas le sort particulier infligé à tels ou tels de ses détenteurs qui y changera quelque chose[3].

Toutefois, cet article sera le dernier que Lesca aura le plaisir de publier car il s'avèrera être le dernier numéro publié dans *Je suis partout*. Dans un Paris prêt au soulèvement et avec les troupes du général Leclerc qui se rapprochent, il n'est plus possible pour Lesca de tenir son journal. Le moment est venu de faire ses valises et de fuir la capitale au plus vite.

Le 19 août, quand l'insurrection parisienne éclate[4], et que l'on peut observer le drapeau tricolore flotter au-dessus de la

---

[1] « On demande des apprentis boches », *La France-Nouvelle (Buenos Aires)*, 7 juillet 1944, p. 2.

[2] C. LESCA, « Je suis partout est là », *Je suis partout*, 16 août 1944, p. 1.

[3] *Ibidem.*

[4] Jean-François MURACCIOLE, « Chapitre X. L'insurrection », *La Libération de Paris. 19-26 août 1944*, Paris, Tallandier, 2013, p. 155-190.

Préfecture de Police de Paris, Charles Lesca se trouve déjà à Nancy en compagnie de Laubreaux, Rebatet et d'autres membres de l'ancienne équipe de *Je suis partout*[1]. Lesca, accompagné de sa femme et de Laubreaux, fuient en direction de Berlin.

C'est pendant son séjour dans la capitale allemande que Lesca aurait été approché par Walter Schellenberg (1910-1952), haut fonctionnaire national-socialiste chargé d'une section d'espionnage des SS, qui l'aurait invité à collaborer avec ses services[2]. Entre-temps, début septembre, les autorités françaises émettent un mandat d'arrêt contre sa personne et tous ses proches collaborateurs[3]. Protégé par les autorités allemandes, celles-ci auraient réussi à faire rentrer Lesca en France au mois d'octobre, où il se serait réfugié dans sa demeure au Pays basque[4], héritée de son père, *Saraleguinea*, à Guéthary. De là, il rejoint la ville espagnole de San Sebastián, où le consulat argentin lui remet à lui et à sa femme des passeports afin de les protéger[5]. Avec l'accord des autorités franquistes, il s'installe à Madrid en décembre 1944 dans un appartement tranquille au 4 rue Victor Hugo[6], près de la *Gran Vía*. C'est le début d'un séjour de presque deux ans dans la capitale espagnole, où Lesca, tout en faisant profil bas, continuera à servir la cause fasciste.

Liens étroits avec l'Espagne franquiste et agent de l'Allemagne

L'Espagne du général Franco qui accueille et protège Charles Lesca et son épouse est un pays bien connu par ce dernier. Au-delà des connaissances dues à son intérêt pour ce pays de la péninsule Ibérique, il faut rappeler les voyages que le journaliste a réalisé dans les années 1930 et 40, pour vivre en qualité de spectateur les événements de la Guerre d'Espagne et les premiers pas de la construction de l'État franquiste. Qui plus est, Lesca a toujours entretenu des liens proches avec l'ambassadeur

---

[1] Bénédicte VERGEZ-CHAIGNON, *Le dossier Rebatet*..., *op. cit.*, p. 1100.
[2] Uki GOÑI, *La Auténtica* Odessa…, *op. cit.*, p. 110.
[3] « Poursuite et mandats d'arrêt », *Ce soir*, 6 septembre 1944, p. 2.
[4] Uki GOÑI, *La Auténtica* Odessa…, *op. cit.*, p. 110.
[5] *Ibidem.*
[6] *Ibid.*, p. 111.

d'Espagne en France, José Félix de Lequerica, et avec d'autres autorités franquistes. Six mois avant d'être reçu dans la capitale espagnole par le général Eugenio Espinosa de los Monteros (1880-1953), haut dirigeant franquiste et ancien ambassadeur d'Espagne auprès de l'Allemagne nazie, Lesca redouble d'attention envers le pays voisin.

Le 3 juin 1944, le Franco-Argentin participe à un déjeuner organisé au Cercle Aryen de Paris où, entouré de dirigeants de la Phalange espagnole et de propagandistes franquistes tels Mariano Daranas (1898-1994), Jesús Suevos (1907-2001) ou Joan Estelrich (1896-1958), il fait l'éloge de la nouvelle Espagne après un séjour effectué dans ce pays[1].

Quelques jours plus tard, il publie dans *Je suis partout* ses impressions sur son dernier voyage en Espagne, qui sont, une fois de plus, très positives. Il dépeint « un pays où règne une certaine abondance » et où « la fidélité et la reconnaissance sont des vertus cardinales de l'âme hispanique »[2]. Preuve de cette dernière affirmation, le fait que, selon Lesca « pas un Espagnol n'oublie les immenses services rendus par l'Allemagne à la cause de l'Espagne nationale »[3]. En somme, le journaliste brosse un portrait flatteur, sans pourtant omettre les dangers éventuels qui menacent le bonheur espagnol, c'est pourquoi il fait un vœu : « Nous aimons trop l'Espagne, ici, pour ne pas souhaiter que ce noble peuple retrouve l'élan des années de sa croisade contre le bolchevisme et le goût d'une politique sociale »[4].

Ces prises de positions élogieuses envers l'Espagne de Franco, actuelles ou passées, et qui construisent l'image de Lesca comme expert et médiateur de cette « grande cousine » qui est le pays voisin[5], facilite son installation dans la capitale espagnole, comme ce fut le cas pour beaucoup d'autres partisans de la Collaboration[6].

---

[1] « Au Cercle Aryen – Regards sur l'Espagne », *Aujourd'hui*, 6 juin 1944, p. 2 ; « Partout et ailleurs – Cosas de España », *Je suis partout*, 9 juin 1944, p. 2.

[2] C. LESCA, « Au pays de la paix inquiète. Choses vues en Espagne », *Je suis partout*, 16 juin 1944, p. 3.

[3] *Ibidem.*

[4] *Ibidem.*

[5] « L'Espagne rouge », *L'Appel*, 29 juin 1944, p. 4.

[6] Voir annexe n° 3 : « Devenir des Collaborateurs proches de Charles Lesca après la guerre ».

Le soutien de Berlin, puis de Madrid, permet à Lesca de ne pas être inquiété alors que bon nombre de ses proches tombent les uns après les autres depuis la Libération. En novembre 1944, son filleul, Claude Maubourguet doit justifier ses engagements politiques, en tant que membre de l'Action française, collaborateur de *Je suis partout* et membre de la Milice. Sa défense, construite sur l'accusation de son parrain, Charles Lesca, qu'il dit « l'avoir mal conseillé », ne lui évitera pas d'être condamné aux travaux forcés[1].

En février 1945, Pierre Vitoux (1908-1995), collaborateur de *Je suis partout* est arrêté à Orléans[2] avant d'être condamné à 12 ans de prison. Cinq mois, plus tard, en juillet, un autre proche de Lesca, le journaliste Jean Loustau-Chartez (1915-1994), futur rédacteur en chef de *Valeurs Actuelles*[3], est interrogé par la Sûreté[4]. Cet ancien membre du PPF, directeur d'une revue de presse à Radio-Paris et ayant combattu avec les Allemands sur le front de l'Est, n'hésite pas à définir son ancien collègue franco-argentin comme « un bien sale individu »[5].

Un an plus tard, en juillet 1946, une partie de l'ancienne équipe de Lesca comparaît sur les bancs des accusés : Pierre Cousteau, Claude Jeantet et Lucien Rebatet. Le célèbre animateur de Radio-Paris, Jean Hérold-Paquis (1912-1945), depuis la prison de Fresnes, n'hésitera pas à dénoncer toute l'ancienne équipe de *Je suis partout*, directeur compris, en détaillant leur repli « combien - "élastique" - en Allemagne »[6].

Pendant que bon nombre de ses proches tombent, et le chargent parfois de tous les maux, Lesca n'est pas seulement à

---

[1] « Maubourguet devant les juges », *France-Soir*, 4 novembre 1944, p. 1 ; « Le général Pinsard, animateur de la L.V.F. comparaîtra lundi devant la Cour de Justice – Les travaux forcés pour Maubourguet et Mazeline », *Ce soir*, 5 novembre 1944, p. 2.

[2] « Des mandats d'arrêt contre les rédacteurs de *Je suis partout* », *Ce soir*, 7 février 1945, p. 2.

[3] Cédric MELETTA, *Jean Luchaire. L'enfant perdu des années sombres*, Paris, Perrin, 2013, p. 216.

[4] « Les « Anciens Messieurs » - Darnand avait offert ses services à Degrelle », *L'Aube*, 14 juillet 1945, p. 2.

[5] « Le PPF, déclare Lousteau, avait beaucoup d'argent », *Combat*, 14 juillet 1945, p. 2.

[6] « L'équipe de Je suis partout va être jugée », *L'Événement*, 20 juillet 1946, p. 2.

l'abri des condamnations, mais il sera soutenu financièrement (tous ses biens ayant été séquestrés par l'État français en 1945[1]), et s'avèrera être très actif en gérant un réseau d'exfiltration bénéficiant aux anciens collaborateurs français et à d'anciens membres du renseignement de l'Allemagne national-socialiste[2]. En étroite collaboration avec l'ambassade d'Allemagne à Madrid, et avec des membres du renseignement espagnol, Lesca construit un réseau permettant la fuite de fascistes français, allemands et belges en direction de l'Argentine[3]. Pour ce faire, il comptera aussi avec l'aide de fascistes français tels l'ancien membre du cabinet Darnand, Robert Voineau et le milicien Paul Frechou[4], ainsi que d'un agent argentin envoyé par le président Perón, Carlos Fuldner (1910-1992)[5].

La direction de ce réseau, à en croire les sources du professeur Jordi Bonnells, aurait donné à Lesca un but qu'il aurait accompli avec dévouement tout en voyant sa mission comme un œuvre aux accents messianiques : « Je suis le nouveau Noé chargé de conduire à bon port, au beau milieu de ce sombre déluge qui s'abat sur nous, l'Arche de la renaissance aryenne… le grand voyage commence, à présent, pour nous tous »[6]. Au total, environ 200 personnes auraient réussi à échapper à la justice européenne grâce à l'action du réseau coordonné par Lesca[7].

Conscient toutefois de la pression existante et du mandat français contre sa personne, le Franco-Argentin sait que son séjour à Madrid ne peut durer éternellement comme il le confie à l'acteur et collaborateur Robert Coquillaud (1900-1972), mieux connu sous le nom de Robert Le Vigan :

> La vieille Europe est finie…le futur se jouera, à coup sûr, là-bas (…). Avec l'arrivée de Perón, tout devient possible. Moi-même, je compte bien partir pour l'Argentine… sans trop tarder… après tout, c'est aussi mon pays… Dewoitine,

---

1 « Ministère de la Justice – Séquestre de biens ennemis (ordonnance du 5 octobre 1944) », *Journal officiel de la République française*, 24 juin 1945, p. 20.

2 Uki GOÑI, *La Auténtica* Odessa…, *op. cit.*, p. 111.

3 *Ibidem.*

4 Uki GOÑI, *Perón y los alemanes. La verdad sobre el espionaje nazi y los fugitivos del Reich*, Buenos Aires, Editorial Sudamericana, 1998, p. 260.

5 Jordi BONNELLS, *Triptyque argentin…*, *op. cit.*, p. 41.

6 *Ibidem.*

7 Uki GOÑI, *Perón y los alemanes…*, *op. cit.*, p. 261.

> l'aviateur, y est déjà, d'autres suivront bientôt, tout est en place... si vous vous décidez, faites-le moi savoir... après tout, vous connaissez déjà le pays[1].

Le retour à son pays de naissance devient urgent à l'été 1946 et l'ancien directeur de *Je suis partout* prépare son dernier grand voyage outre-Atlantique. Il fait ses adieux à la capitale espagnole, rejoint au mois d'août son ami José Félix de Lequerica à Bilbao, et après un transit par San Sebastián, arrive à Barcelone d'où il prend un bateau espagnol, le *Cabo de Buena Esperanza*, le 10 septembre, direction l'Argentine[2]. Il fait ainsi ses adieux à l'Europe, et commence un voyage qui s'avérera plus mouvementé que prévu.

Fuite ? Repli stratégique et rocambolesque

L'orgueil du journaliste franco-argentin est trop important pour qu'il considère son départ pour l'Argentine comme une fuite déshonorante. Ceci explique les positionnements déjà analysés où il considère l'Europe comme un territoire politiquement perdu et les Amériques comme un espace fertile où développer ses convictions fascistes. Pourtant, le chemin qui le sépare de son Argentine natale devient une véritable aventure, qui sera racontée en bonne partie par la presse internationale.

Parti le 10 septembre de Barcelone en compagnie de son épouse, sa maîtresse et une grande quantité d'or et de pierres précieuses[3], Charles Lesca est débarqué à Rio de Janeiro par les autorités brésiliennes, pour donner suite à une demande d'extradition française, le 27 septembre[4]. Contre toute attente, le député de l'extrême droite brésilienne Goffredo da Silva Telles (1915-2009) et l'ambassadeur équatorien Luis Antonio Peñaherrera Mantilla interviennent en personne auprès de la gendarmerie et réussissent, après des échanges avec le ministère de la Justice brésilien, et eu égard au passeport argentin en sa

[1] Jordi BONNELLS, *Triptyque argentin*..., *op. cit.*, p. 42.
[2] Uki GOÑI, *La Auténtica* Odessa..., *op. cit*, p. 114-115.
[3] AMREC – Buenos Aires : División política – FRANCIA – Caja 17, expediente 22, año 1946 : Charles Lesca : Buenos Aires, 26 de septiembre de 1946.
[4] Uki GOÑI, *Perón y los alemanes*..., *op. cit.*, p. 261.

possession, à laisser Lesca et ses proches libres de continuer leur voyage[1]. L'intervention de Silva Telles et Peñaherrera furent décisives, mais pour mieux comprendre la raison de leur action, il faut rappeler que ces deux hommes sont des amis de longue date de l'ancien directeur de *Je suis partout*. Peñaherrera entretient des liens d'amitié avec Lesca depuis 1929, lorsqu'ils se sont rencontrés dans un dîner mondain organisé par Gonzalo Zaldumbide[2], et da Silva Telles devient lui aussi un proche de Lesca lors du voyage que ce dernier effectue au Brésil en 1936[3].

Le Franco-Argentin reprend donc son voyage direction Buenos Aires, mais lorsque son bateau fait une escale à Montevideo au tout début du mois d'octobre, il aura moins de chance qu'au Brésil. L'Uruguay, ayant reçu le mandat d'arrêt de la France le concernant, décide le faire descendre du bateau pour rester à la disposition des autorités[4]. La presse uruguayenne répand rapidement la nouvelle, un collaborateur français, ami de Laval et Pétain vient d'être arrêté dans la capitale[5].

Charles Lesca est gardé à vue du 2 au 5 octobre dans les locaux de la direction générale de l'immigration uruguayenne[6] pour la grande joie de la presse française qui parle de son arrestation pour la première fois le 3 octobre, comme nous le prouve un article publié dans *Combat*[7]. Certains journaux français vont même s'aventurer, deux jours plus tard, à annoncer l'extradition presque imminente de Lesca[8]. Pourtant, cette affirmation était loin d'être prémonitoire. Le 5 octobre, le Franco-Argentin est assigné à résidence dans l'attente d'une réponse officielle de l'Uruguay à la France concernant

---

[1] *Ibidem.*

[2] « Dans les ambassades », *Le Figaro*, 5 juillet 1929, p. 2.

[3] C. LESCA, « Amérique du Sud 1936 – Choses vues et entendues », *Je suis partout*, 5 décembre 1936, p. 6.

[4] AMREC – Buenos Aires : División política – FRANCIA – Caja 17, expediente 22, año 1946 : Charles Lesca : Buenos Aires, 3 de octubre de 1946.

[5] « Detuvieron en Montevideo a un amigo de Laval y de Pétain. Un Colaboracionista Francés venía en un barco español a Buenos Aires », *La Razón*, 2 octubre 1946, p. 3.

[6] Jordi BONNELLS, *Triptyque argentin…*, *op. cit.*, p. 102.

[7] « Charles Lesca arrêté par la police uruguayenne », *Combat*, 3 octobre 1946, p. 1.

[8] « Charles LESCA, auteur de *Je suis partout* arrêté en Uruguay, sera ramené en France », *Ce soir*, 5 octobre 1946, p. 1.

l'extradition et il se paiera même le luxe de choisir une villa appartenant à la famille de sa femme, aux environs de Montevideo[1]. Ce n'est que quatre jours plus tard, le 9 octobre, que la presse française apprend la nouvelle de cette situation qui est mal comprise dans l'Hexagone[2]. Ironiquement, lors de la parution de cet article, le fait est que Lesca n'est plus dans cette villa car il a réussi à s'échapper le 8 octobre, comme le constate l'inspecteur de police lors d'une visite de routine[3].

Aussitôt, aussi bien les autorités françaises qu'uruguayennes et que le public se posent les mêmes questions : comment est-il possible qu'il ait réussi à s'échapper ? Par quels moyens ? Où se trouve-t-il à présent [4] ? Les théories fusent à l'époque mais la vérité reste un mystère. Ce n'est qu'en janvier 1947 que Charles Lesca est repéré à Buenos Aires où il vit en toute discrétion, avenue Santa Fe[5].

Nous pouvons, après avoir croisé beaucoup de sources, dans la presse comme dans les lectures d'ouvrages d'autres chercheurs ayant abordé la question, mettre en avant l'explication la plus probable pour expliquer la réussite de son plan pour s'échapper de la villa uruguayenne. Tout d'abord, Lesca était en mesure, de manière directe ou indirecte, comme nous le prouvent ses actions précédentes, de verser des pots-de-vin à la police qui surveillait la demeure. Ensuite, la police uruguayenne, pour couvrir l'échec de sa surveillance et la possible corruption de certains agents, aurait fait courir le bruit que Charles Lesca se serait déguisé en femme, portant les vêtements de sa femme, ce qui n'aurait pas alerté les policiers, une information aussitôt reprise par la presse française[6]. Enfin, il se serait caché dans une propriété de sa famille avant de prendre un canot à moteur qui l'aurait emmené en toute discrétion jusqu'à Buenos Aires[7]. Une fois arrivé dans

---

[1] Jordi BONNELLS, *Triptyque argentin…*, *op. cit.*, p. 102.

[2] « Charles LESCA échappe à la justice », *L'Aurore*, 9 octobre 1946, p. 1.

[3] Jordi BONNELLS, *Triptyque argentin…*, *op. cit.*, p. 102-103

[4] « Où se cache Lesca ? », *L'Aurore*, 31 octobre 1946, p. 4.

[5] Uki GOÑI, *La Auténtica* Odessa…, *op. cit.*, p. 115.

[6] « Déguisé en femme – Lesca échappe aux policiers uruguayens », *L'Aurore*, 19 octobre 1946, p. 1.

[7] Jordi BONNELLS, *Triptyque argentin…*, *op. cit.*, p. 103.

la capitale argentine, il rejoint sa femme mais donne l'ordre au concierge de nier sa présence à quiconque demanderait après lui[1].

Le gouvernement français ayant été informé de sa présence à Buenos Aires, intercède auprès du gouvernement de Perón afin qu'il soit extradé pour être jugé. Plus précisément, le 20 janvier 1947, l'ambassadeur français en Argentine, Wladimir d'Ormesson (1888-1973), sollicite l'arrêt et l'extradition de Charles Lesca au ministre des Affaires Étrangères argentin, Juan Atilio Bramuglia (1903-1962)[2]. D'Ormesson tient à préciser dans sa missive les charges qui pèsent sur le ressortissant concerné, à savoir : coupable d'intelligence avec l'ennemi, crime prévu par le Code Pénal français et par la jurisprudence internationale à la suite du procès de Nuremberg, tient à souligner l'ambassadeur[3]. Jointe à cette lettre, une traduction de la demande d'extradition de la part du Procureur de la Cour d'Appel de Paris et une autre de la part du Commissaire du Gouvernement, qui s'exprime ainsi :

> Tout au long de l'Occupation, Lesca, exerçant toujours sa double activité [administrateur de *Je suis partout* et propagandiste pour l'ennemi], se consacra à une propagande continuelle et bruyante en faveur de l'ennemi et de ses armes, abordant tous les thèmes de l'action nazie, spécialement ceux contre les patriotes français ainsi que les israélites, prenant parti publiquement pour l'exécution des ordres d'extermination (…). Sous l'impulsion de Lesca, *Je suis partout* se dédia à attaquer les israélites et les armées alliées ; préconisant dans toute circonstance la collaboration totale avec l'ennemi (…). De plus, *Je suis partout*, publiait chaque semaine une longue série d'« échos » non signés, qui attaquaient les Français trahissant leurs sentiments et leurs activités contre l'ennemi (…). C'est ainsi que M. Blanchonnet, directeur de *La Tribune de St Étienne*, et les rédacteurs de ce journal (…) ont été arrêtés, internés et déportés en Allemagne[4].

---

[1] Uki Goñi, *La Auténtica* Odessa…, *op. cit*, p. 115.

[2] AMREC – Buenos Aires : División política – FRANCIA – Caja 17, expediente 22, año 1946 : Charles Lesca : Buenos Aires, 20 de enero de 1947.

[3] *Ibidem.*

[4] AMREC – Buenos Aires : División política – FRANCIA – Caja 17, expediente 22, año 1946 : Charles Lesca : Buenos Aires, 20 de enero de 1947.

Malgré tous les efforts diplomatiques exercés par la République française, le gouvernement du général Juan Domingo Perón ne donna pas suite à ces requêtes, protégeant ainsi Charles Lesca qui fut libre de vivre une vie paisible dans la République argentine pour le restant de ses jours.

Sauver les derniers, défendre ses valeurs et attendre paisiblement la mort

Fatigué après des mois de cavale, Charles Lesca reste tout de même en bonne santé, comme lui confirme son cardiologue à Buenos Aires, le docteur Jacobo Rubinstein. Il doit arrêter ses excès pour aider son cœur, un peu fragile, mais rien d'inquiétant[1]. Avec ce diagnostic favorable, proche de la soixantaine en ce début 1947, il décide de continuer à faire ce qu'il a fait ces dernières années, essayer de sauver tous les fascistes restés en Europe.

Quand, en mai 1947, il est condamné à mort par contumace par la justice française[2], il est, en même temps, en train de coordonner la fuite de quatre collaborateurs : le journaliste rexiste[3] Pierre Daye (1892-1960), l'ancien directeur du *Cri du peuple* et collaborateur à *Je suis partout*, Henri Lèbre (1894-1976), le propagandiste vichyssois Georges Guilbaud, et l'ancien chef de la milice en Ariège, Robert Pincemin. Ils seront tous reçus en personne par Lesca à l'aéroport argentin de Morón au mois de juin 1947, où ils arrivent depuis Madrid[4].

Tout en continuant cette activité, Lesca essaie, sans grand succès, de faire revivre avec ses collègues en exil une presse francophone imprégnée de valeurs fascistes. Tel fut le cas de revues telles que *Paroles françaises* et *Nouvelles d'Argentine*, créées avec le soutien financier de Lesca[5]. Toutefois, malgré leur

---

[1] Jordi BONNELLS, *Triptyque argentin…*, *op. cit.*, p. 103.

[2] « Lesca, Laubreaux et Dorsay condamnés à mort par contumace », *L'Aube*, 6 mai 1947, p. 4

[3] Flore PLISNIER, *Ils ont pris les armes pour Hitler. La collaboration armée en Belgique francophone*, Waterloo, Renaissance du Livre, 2012.

[4] Diana QUATTROCHI-WOISSON, « Relaciones con la Argentina de funcionarios de Vichy y de colaboradores franceses y belgas, 1940-1960 », *Estudios Migratorios Latinoamericanos*, vol. 14, n° 43, 1999, p. 211-240.

[5] Jordi BONNELLS, *Triptyque argentin…*, *op. cit.*, p. 54.

expérience, ils ne réussissent pas à trouver un public, les Français étant dans l'impossibilité d'accéder aisément à ces journaux en métropole, les Argentins se désintéressant d'une propagande qui ne concerne que la France.

La nostalgie commence à s'emparer alors de l'ancien directeur de *Je suis partout*, qui prend conscience de la fin de ce grand chapitre de sa vie. Il se réfugie alors dans la vie mondaine de la capitale argentine, où il côtoie la fine fleur des élites fascistes, exilés de toute l'Europe dans différents établissements de Buenos Aires : les brasseries *Adam's* et *Munich*, le *Périgord*, le *Bec fin*, le restaurant du *Club français* ou le *Paris*[1]. Autant d'endroits où nazis, péronistes, fascistes français, belges et italiens se retrouvent régulièrement.

Lesca passe donc ses dernières années de vie en compagnie d'anciens collaborateurs et hauts dirigeants européens nostalgiques qui s'occupent de temps en temps avec des projets ponctuels qui relèvent pour la plupart de rêves chimériques pour retrouver une société et un public qui ne sont plus.

Une seule occupation semble animer tous les jours le Franco-Argentin : jouer aux échecs avec ses camarades d'exil. Tous les soirs, vers 22 h, un Lesca chaque fois plus fatigué par son chagrin et ses problèmes de santé, s'installe à une table réservée aux Français au Rex[2]. La salle régentée par le joueur d'échecs professionnel Paulin Frydman (1905-1982) semble être son seul réconfort et la seule passion qui reste vive dans son cœur.

Cette vie paisible, et son âge encore jeune, ne laissait pas présager sa mort soudaine. Le 11 janvier 1949, le cadavre du Lesca est découvert dans son appartement par son épouse de retour d'un voyage en Uruguay[3]. Eu égard à la proximité de la veuve avec le ministre de la police argentine, une enquête fut ouverte sur le champ[4]. Pour elle, il s'agissait de dissiper les doutes car depuis longtemps son mari exprimait sa peur de devenir une victime des Juifs : « Ils n'hésiteront pas à vouloir ma peau… Israël cherche toujours à se venger… les Israélites

---

[1] *Ibid.*, p. 53-54.
[2] *Ibid.*, p. 100-101.
[3] Jordi BONNELLS, *Triptyque argentin…*, *op. cit.*, p. 101.
[4] *Ibidem.*

n'oublient jamais… une race haineuse et tenace dans leur vindicte… j'en sais quelque chose, moi… »[1].

L'enquêteur en charge de l'affaire, Evaristo Manuel Urricelqui, découvre, en effet, des indices qui pourraient permettre de penser qu'en réalité Lesca aurait été assassiné. D'un côté, le défunt présentait un taux anormal de méthédrine dans les viscères[2], ce qui pourrait impliquer un empoisonnement qui aurait provoqué une crise cardiaque à l'ancien directeur de *Je suis partout*. D'un autre côté, il y avait au sol, à côté du cadavre, une pièce d'un jeu d'échecs différent de celui que Lesca possédait[3], alimentant l'hypothèse d'une effraction de son domicile. Toutefois, l'enquêteur ne réussira pas à réunir suffisamment d'éléments permettant de conclure à un assassinat, et en conséquence, l'affaire fut classée. L'hypothèse d'un suicide fut également évoquée[4], mais faute de preuves, le mystère entourant le décès de Lesca reste sans réponse.

La thèse qui s'impose dans la presse française en ce qui concerne son décès est celle d'une simple embolie[5]. L'annonce de la mort de Lesca en France sera présentée différemment en fonction des lignes éditoriales des journaux. Pour les uns, c'est un soulagement d'apprendre qu'il est finalement mort, payant ainsi le mal causé. Pour les autres, c'est le parfait exemple de l'injustice que lui, comme bien d'autres collaborateurs, soit mort paisiblement sans avoir jamais eu à rendre des comptes devant la justice :

> Vous n'avez pas besoin, flairant de qui il s'agit, de prononcer avec un k, comme vous en mettriez à un kollabo. Lesca, avec un c (comme tant d'autres), vous savez très bien ce que cela évoque : *Je suis partout*. Il y a des traîtres partout ? (…) Ça dépend. Ceux qui sont restés en France se maquillent à peine. Ceux qui ont pris le bateau pour l'Argentine s'y exhibent avantageusement. On n'a pas étalé (on a ouvert à peine) le dossier de la longue et active forfaiture de la presse profasciste, pro-hitlérienne et, finalement, pro-allemande. En réalité, on n'a

---

[1] *Ibid.*, p. 104.
[2] *Ibidem.*
[3] *Ibidem.*
[4] *Ibid.*, p. 105.
[5] « Charles Lesca meurt subitement en Argentine », *Combat*, 14 janvier 1949, p. 1.

pas fait le procès de *Je suis partout*. Mais Lesca, lui, savait ce qu'il allait trouver là-bas : des mines d'or et des *haciendas* dont sa femme était propriétaire. Lui du moins était assuré de ne pas tout perdre[1].

Lesca a échappé à la justice par la mort et il tombera progressivement dans l'oubli, mais son nom, pourtant, restera associé à jamais aux crimes commis dans les heures les plus sombres de la France du XXe siècle.

[1] « D'un Kravchenko à l'autre, Lesca meurt dans son lit », *Les Lettres françaises*, 20 janvier 1949, p. 8.

CONCLUSION

L'analyse de 371 articles dans plus de 62 journaux différents a permis de dresser, à l'aide d'autres sources primaires et secondaires consultées en France et en Argentine, un portrait clair et chronologique de la vie et des actions menées par Charles Lesca. Le Franco-Argentin apparaît dès lors comme un homme ambitieux et cultivé, prêt à sacrifier sa fortune au nom de ses convictions fascistes tout en ayant joué un rôle actif dans plusieurs domaines et entreprises particulières et collectives.

Ses origines familiales, sa fortune et son intérêt pour le continent qui l'a vu naître permettent de comprendre la réussite de Lesca à l'heure de s'intégrer dans les cercles hispanistes parisiens. Il devient un homme capable de servir d'intermédiaire entre les élites américaines d'outre-Atlantique et les universitaires français. Son soutien aux entreprises du *Groupement des Universités et des Grandes Écoles de France pour les relations avec l'Amérique Latine* et au professeur Ernest Martinenche, leader de l'hispanisme parisien, est fondamental. L'affinité intellectuelle, mais aussi politique, entre ce dernier et Lesca mériterait d'être étudiée afin de déterminer le poids des idées réactionnaires au sein de l'hispanisme français naissant en tant qu'élément fédérateur des universitaires et des élites latino-américaines.

Son histoire personnelle a bien sûr joué aussi dans sa vie à l'heure de décrypter le monde, et plus particulièrement, le monde hispanophone. Jeune adulte, il défend une vision conservatrice de la latinité, voire d'une supposée civilisation latine, mise à mal et en danger face à une civilisation anglo-saxonne. Ce qui explique, comme nous l'avons dit, une activité régulière dans différents congrès, événements et titres de presse. Une excellente manière de défendre ses valeurs et de s'entourer, par la même occasion, d'hommes et de femmes qui partagent avec lui une vision conservatrice du monde.

Sa renommée en qualité d'expert des Amériques et du monde hispanophone en général, ainsi que sa participation régulière à des événements officiels et mondains lui ont permis d'accroître son réseau. Les liens forts avec les élites économiques franco-américaines héritées de sa famille s'étendent aux élites lettrées et politiques, d'une part, grâce à son engagement hispaniste, d'autre part, grâce à sa proximité avec Charles Maurras et l'*Action Française*.

Riche héritier, réactionnaire et bien apprécié par les élites françaises, qui voient en lui un atout, il a donc toute sa place pour rentrer dans le monde de la presse. D'abord cantonné à un rôle de simple collaborateur au sein de la *Revue de l'Amérique Latine* puis de *Frontières*, ce qui lui permet d'élargir son réseau, les événements politiques et son ambition personnelle le poussent à en être un acteur majeur, devenant ainsi l'un des actionnaires majoritaires de *Je suis partout*. Au sein de ce journal, comme nous l'avons étudié, il réussit à satisfaire tous ses objectifs : il étale sa vision réactionnaire du monde hispanophone et de la France, laisse libre cours aux articles antisémites et anticommunistes et agit comme propagandiste du fascisme.

Sous-estimé par ses propres collègues, notamment par Robert Brasillach et Lucien Rebatet, qui ne voient en lui qu'un arriviste aux origines étrangères, Lesca parvient malgré tout à se hisser aux premiers rangs de la politique de la Collaboration. Il participe de manière active à la propagande, certes, mais il contribue aussi à la structuration de la nouvelle France de Vichy et influence de manière directe et indirecte la politique française aussi bien depuis son journal que par sa contribution aux événements collaborationnistes et nationaux-socialistes à Paris. En 1943, par ses liens avec les autorités politiques françaises et allemandes et son pouvoir de propagande, Lesca est un acteur incontournable de la France de son temps. Il a le pouvoir de soutenir une politique de plus en plus radicale, comme il le fera, et de dénoncer tous ceux qui entraveraient la construction du nouvel ordre, qu'il s'agisse d'ennemis étrangers ou de Français plus modérés.

Lesca ne voit pas le fascisme comme une mode passagère ou une opportunité pour ses affaires personnelles, comme ce fut le cas d'un bon nombre de ses compatriotes, mais il croit fermement aux valeurs et à l'idéologie fasciste. Il investit son temps, son énergie et sa fortune jusqu'à la fin de ses jours dans le seul but de défendre ses certitudes politiques. Il aura ainsi aidé à propager les valeurs réactionnaires en France, à tenter d'asseoir la légitimité allemande dans le pays et à rapprocher l'Espagne franquiste du pouvoir français. Même une fois la guerre perdue, il agit afin de sauver tous les fascistes, qu'ils soient français, allemands, belges ou d'autres contrées de l'Europe. Pour ce faire, il pourra toujours compter sur son réseau et le soutien des autorités espagnoles et argentines. Presque jusqu'à son dernier souffle, il gardera l'espoir d'une renaissance de ces valeurs dans l'avenir grâce à l'effort collectif des exilés fascistes dans les Amériques.

Lesca meurt en 1949 et laisse derrière lui l'image d'un serviteur fidèle du fascisme ayant réussi à échapper à la justice française. Rapidement, son nom tombe dans l'oubli et c'est très rarement qu'on l'entend ces dernières décennies, et ce, presque toujours pour l'évoquer comme un nom de plus dans une entreprise collective. L'étude présente aura servi à présenter le parcours de ce personnage, ce patron de presse riche et influent qui aura, par la force de l'argent et de sa plume, réussi à imposer des thématiques réactionnaires dans la France de son temps. Article après article, Lesca réussit à polariser la société, radicaliser les Français et mettre en évidence la fragilité de la démocratie face à une presse animée par des valeurs réactionnaires.

SOURCES

SOURCES MANUSCRITES

A.- Archives

ARGENTINE

1.- ARCHIVO GENERAL DEL MINISTERIO DE RELACIONES EXTERIORES Y CULTO (AMREC – Buenos Aires)

1.- División política – FRANCIA –. Caja 17, expediente 22, año 1946: Charles Lesca

FRANCE

1.- ARCHIVES NATIONALES (AN – Paris)

1.- Archives de l'Université de Paris. Faculté des Lettres. Série AJ16

AJ/16/6960 et 61AJ/160 : Groupement des Universités et Grandes Écoles de France pour les relations avec l'Amérique Latine

2.- Fonds Charles Maurras. 576AP/1-576AP/302

576AP/184 : correspondance reçue : Charles Lesca

3.- Services du Premier Ministre. Justice et épuration. 20050351/5-20050351/12

2005031/7 : épuration, affaires et procès (suite) : Journal « Je suis partout », Robert Brasillach, Lucien Rebatet, Claude Jeantet, Pierre-Antoine Cousteau et Charles Lesca (janvier 1945-mai 1947)

4.- Intérieur. Direction générale de la Police Nationale. 20010157/1

Dossier n° 697602 : LESCA, Charles (1944)

5.- Intérieur. Fichier central de la Sûreté nationale : dossiers individuels de LEF à LEX. 19940459/223. Dossier 20256.

Dossier n° 20256 : LESCA, Charles (1940)

6.- Intérieur. Fichier central de la Sûreté nationale : dossiers individuels de LEF à LEX. 19940459/223. Dossier 20255.

Dossier n°20255 : LESCA, Jacques-Hippolyte (1921)

B.- Journaux, cahiers, revues et discours

- *Aujourd'hui, Bulletin Hispanique, Ce soir, Combat, Combats, Comœdia, Côte de la bourse et de la banque, Excelsior, France-Amérique, France-Soir, Frontières, Gringoire, Je Suis Partout, Journal de la Société des Américanistes, Journal des débats politiques et littéraires, L'Action française, L'Ami du peuple, L'Appel, L'Aube, L'Aurore, L'Avenir, L'Avenir du Tonkin, L'Écho d'Alger, L'Écho de Paris, L'Émancipation nationale, L'Événement, L'Homme libre, L'Humanité, L'Information financière, économique et politique, L'Intransigeant, L'Œuvre, La Croix, La Dépêche coloniale, La France socialiste, La France-Nouvelle (Buenos Aires), La Gazette de Biarritz-Bayonne et Saint-Jean-de-Luz, La Journée industrielle, La Liberté, La Loi, La Patrie, La petite Gironde, La Revue mondiale, La Volonté, Le Cri du peuple de Paris, Le Figaro, Le Front Latin, Le Gaulois, Le Jour, Le Journal, Le Matin, Le Petit Journal, Le Petit Parisien, Le Petit Troyen, Le Progrès de la Côte-d'Or, Le Progrès de la Somme, Le Siècle, Les langues néo-latines, Les Lettres françaises, Paris-Hachette, Paris-presse, Paris-Soir, Paris-turf, Revue de l'Amérique Latine, Revue Internationale de l'enseignement, The Chicago Tribune and the Daily News.*

SOURCES IMPRIMÉES

ANDRE, Marius, *La fin de l'empire espagnol d'Amérique (préface de Charles Maurras)*, Paris, Nouvelle Librairie Nationale, 1922.

BRASILLACH, Robert, *Notre avant-guerre*, Paris, Plon, 1941.

BRUCHESI, Jean, « Front Latin – En feuilletant Revues et Journaux », *L'Action Universitaire. Revue des diplômés de l'Université de Montréal*, vol. I, n° 10, 1935, p. 26-27.

CIROT, Georges, « Inauguration de l'Hôtel de l'Institut d'Études hispaniques de Paris », *Bulletin Hispanique*, t. 31, n° 3, 1929, p. 271-273.

Hommage à Ernest Martinenche. Études hispaniques et américaines, Paris, Éditions d'Artrey, 1939.

LESCA, Charles, *Quand Israël se venge*, Paris, Grasset, 1941.

REBATET, Lucien, *Les décombres,* Paris, Éd. Denoël, 1942.

———, *Les mémoires d'un fasciste II. 1941-1947*, Paris, Pauvert, 1976.

WALEFFE, Maurice de, « Dix Congrès de Presse Latine », *Revue des Deux Mondes*, vol. 60, n° 4, 1930, p. 876-894.

BIBLIOGRAPHIE

ABREU Marcelo Santos, « Os mártires da causa paulista : a criação do culto aos mortos da revolução constitucionalista de 1932 (1932-1937) », *Patrimônio e Memória*, vol. 7, n° 1, 2011, p. 193-211.

AGLAN Alya, *La France à l'envers. La guerre de Vichy (1940-1945)*, Paris, Gallimard, 2020.

AMOUROUX Henri, *La grande histoire des Français sous l'Occupation. Le Peuple du Désastre*, Paris, Robert Laffont, 1976.

APRILE Sylvie, CASSINA Cristina, DARRIULAT Philippe, LEBOUTTE René (dirs.), *Europe de papier : Projets européens au XIX*[e] *siècle*, Villeneuve d'Ascq, Presses universitaires du Septentrion, 2015.

ASIS Jorge, *Lesca, el fascista irreductible*, Buenos Aires, Editorial Sudamericana, 2000.

ASSOULINE Pierre, *Sigmaringen*, Paris, Gallimard, 2014.

———, *L'épuration des intellectuels*, Paris, Perrin, 2017.

ASSOCIATION DES AMIS DU MUSEE DE GUETHARY, *Saraleguinea ou les trois vies de J.-H. Lesca*, Bulletin du Musée Basque, Hors-Série, septembre 2008.

BERCHENKO Adriana, « La Revue de l'Amérique latine en los años 20 », *América. Cahiers du CRICCAL*, n° 4-5, 1990, p. 21-26.

BERLIERE Jean-Marc, « Milice française », BERLIERE Jean-Marc (dir.), *Polices des temps noirs. France 1939-1945*, Paris, Perrin, 2018, p. 600-642.

———, « Parti populaire français (PPF) », *in* BERLIERE Jean-Marc (dir.), *Polices des temps noirs. France 1939-1945*, Paris, Perrin, 2018, p. 674-700.

BERNARD Amaury, « Une guerre en suspens, 26 août 1939 - 10 mai 1940. Quand les combattants allemands, britanniques et français attendaient », thèse doctorale soutenue à l'Université Paris Nanterre le 21 novembre 2019, sous la direction d'Annette BECKER.

BELOT Robert (éd.), *Dialogue de "vaincus". Lucien Rebatet/Pierre-Antoine Cousteau (prison de Clairvaux, janvier-décembre 1950)*, Paris, Berg International, 1999.

BONNELLS Jordi, *Triptyque argentin*, Paris, Bouquins, 2021.

BOURSEILLER Christophe, *Ombre invaincue. La survie de la Collaboration dans la France de l'après-guerre (1944-1954)*, Paris, Perrin, 2021.

BRANA Pierre, DUSSEAU Joëlle, *Philippe Henriot. La voix de la Collaboration*, Paris, Perrin, 2017.

BROCHE François, *Dictionnaire de la Collaboration. Collaborations, compromissions, contradictions*, Paris, Belin, 2014.

———, MURACCIOLE Jean-François, *Histoire de la Collaboration. 1940-1945*, Paris, Tallandier, 2017.

BRUNET Jean-Paul, *Jacques Doriot. Du communisme au fascisme*, Paris, Éditions Balland, 1986.

CAPDEVILA Luc, « La guerre du Chaco *Tierra adentro*. Déconstruire la représentation d'un conflit international », *in* CAPDEVILA Luc, RICHARD Nicolas, BARBOSA Pablo, COMBES Isabelle, *Les hommes transparents. Indiens et militaires dans la guerre du Chaco (1932-1935)*, Rennes, Presses Universitaires de Rennes, 2010, p. 15-33.

CHARPENTIER Pierre-Frédéric, « Autonome 1939, l'échec face à la guerre : les cas de Louis Lecoin et de Henri Jeanson », *Aden*, vol. 7, n° 1, p. 56-74.

CHONCHOL Jacques, MARTINIERE Guy, *L'Amérique latine et le latino-américanisme en France*, Paris, Éditions de l'IHEAL, 1985.

COMPAGNON Olivier, « Le maurrassisme en Amérique latine. Étude comparée des cas argentin et brésilien », *in* DARD Olivier, GRUNEWALD Michel, *Charles Maurras et l'étranger – L'étranger et Charles Maurras*, Berne, Peter Lang, 2009, p. 283-305.

COTILLON Jérôme, « Un homme d'influence à Vichy : Henry du Moulin de Labarthète », *Revue historique*, vol. 622, n° 2, 2002, p. 353-385.

DARD Olivier, « Henri Massis et la Défense de l'Occident », *in* MORVAN Pascal (coord.), *Droit, politique et littérature. Mélanges en l'honneur du professeur Yves Guchet*, Bruxelles, Bruylant, 2008, p. 365-397.

———, *Charles Maurras. Le maître et l'action*, Paris, Armand Colin, 2013.

DASSA Stéphanie, GERMON Valérie, GRUAT Cédric, « L'Institut d'Études des Questions Juives : raison d'État et passion antisémite franco-allemande sous l'Occupation », *Revue d'Histoire de la Shoah*, vol. 179, n° 3, 2003, p. 120-176.

DIOUDONAT Pierre-Marie, *Les 700 rédacteurs de "Je suis Partout". 1930-1944*, Paris, Sedopols, 1993.

FOESSEL Michaël, *Récidive. 1938*, Paris, PUF, 2019.

GARRIGUES Jean, « Le moment parlementaire de l'Action française : 1919-1924 », *in* LEYMARIE Michel, PREVOTAT Jacques, *L'Action française : culture, société, politique*, Villeneuve d'Ascq, Presses Universitaires du Septentrion, 2008, p. 243-253.

GILLOT Jean-Jacques, « Deux historiens de Cadouin bien dissemblables : J. Sigala et J. Maubourguet », *Quelques écrivains autour de Cadouin. 26e colloque des Amis de Cadouin (10 août 2019)*, p. 6-13.

GOLDBERG Nancy Sloan, « Rereading Ventura García Calderón », *Hispania*, vol. 97, n° 2, 2014, p. 220-232.

GOÑI Uki, *Perón y los alemanes. La verdad sobre el espionaje nazi y los fugitivos del Reich*, Buenos Aires, Editorial Sudamericana, 1998.

———, *La Auténtica Odessa. La Fuga nazi a la Argentina de Perón*, Buenos Aires, Paidós, 2002.

HAYES Peter, *From Cooperation to Complicity*, Cambridge, Cambridge University Press, 2004.

Hommage à Ernest Martinenche. Études hispaniques et américaines, Paris, Éditions d'Artrey, 1939.

HUERTA Mona, « Un médiateur efficace pour la coopération scientifique française : le Groupement des Universités et des Grandes Écoles de France pour les relations avec l'Amérique Latine », *Encuentros de Latinoamericanistas Españoles (12.2006. Santander): Viejas y nuevas alianzas entre América Latina y España,* España, CEEIB, 2006, p. 792-803.

HUGON Alain, « Marcel Bataillon, un hispaniste orphelin de l'Espagne. 1895-1977 », *Les Cahiers du CRHQ*, n° 3, 2012, p. 1-18.

JARRIGUE Michel, « La vie et l'œuvre de Mgr Jouin, croisé de l'antimaçonnisme », *La chaîne d'union*, vol. 56, n° 2, 2011, p. 72-82.

Je suis partout : anthologie (1932-1944), Toulouse, Auda Isarn, 2012.

JOLY Bertrand, « Le parti royaliste et l'affaire Dreyfus (1898-1900) », *Revue Historique*, t. 269, Fasc. 2 (546), 1983, p. 311-364.

JOLY Laurent, « Vichy et le commissariat général aux questions juives : contribution à l'histoire de la Shoah en France :1941-1944 », thèse doctorale soutenue à l'Université Paris 1 en 2004, sous la direction de Pascal ORY.

———, « L'administration de l'État français et le statut des Juifs du 2 juin 1941 », *Archives Juives*, vol. 41, n° 1, 2008, p. 25-40.

———, « D'une guerre l'autre. L'Action Française et les Juifs, de l'Union sacrée à la Révolution nationale (1914-1944) », *Revue d'histoire moderne et contemporaine*, n° 59-4, 2012, p. 97-123.

———, « Gabriel Monod et "l'État Monod". Une campagne nationaliste de Charles Maurras (1897-1931) », *Revue historique*, t. 314 n° 664, 2012, p. 843.

KASPI André, « "Le Juif et la France", une exposition à Paris en 1941 », *Le Monde Juif*, 1975, n° 79, p. 8-20.

KAUFFER Rémi, *Les femmes de l'ombre. L'histoire occultée des espionnes*, Paris, Perrin, 2019.

KREIS Emmanuel, « Les réseaux antijuifs et antimaçonniques autour de la *Revue internationale des sociétés secrètes* (*RISS*) de l'entre-deux-guerres à la période de l'Occupation », *Revue d'Histoire de la Shoah*, vol. 198, n° 1, 2013, p. 117-139.

LACROIX Michel, « Lien social, idéologique et cercles d'appartenance : le réseau " latin " des Québécois en France, 1923-1939 », *Études littéraires*, vol. 36, n° 2, 2004, p. 51-70.

LACROIX-RIZ Annie, *Industriels et banquiers français sous l'Occupation*, Paris, Armand Colin, 2013.

———, *Les élites françaises entre 1940 et 1944 : de la collaboration avec l'Allemagne à l'alliance américaine*, Paris, Armand Colin, 2016.

———, *La non-épuration en France. De 1943 aux années 1950*, Paris, Armand Colin, 2019.

LEFEBVRE-FILLEAU Jean-Paul, *Ces Français qui ont collaboré avec le IIIe Reich*, Monaco, Éditions du Rocher, 2017.

LEFRANC David, « Interdire *Mein Kampf* aux Français. Édition, droit et politique dans la France de 1934 », *Francia. Forschungen zur Westeuropäischen Geschichte*, n° 47, 2020, p. 459-471.

LOEZ André, *La Grande Guerre*, Paris, Éditions La Découverte, 2010.

LOPEZ Pierre, « Encuentros y desencuentros de la cultura francesa en el campo literario ecuatoriano de los años 1920-1930 », *Cahiers d'études romanes*, n° 32, 2016, p. 43-55.

LOTTMAN Herbert R., *Pétain*, Paris, Le Seuil, 1984.

MARBEAU Michel, *La Société des Nations. Vers un monde multilatéral (1919-1946)*, Tours, Presses Universitaires François Rabelais, 2017.

MARTY Albert, *L'Action française racontée par elle-même*, Paris, Nouvelles Éditions Latines, 1968.

MAUDHUY Roger, *Vichy. Les procès de la Collaboration*, Bruxelles, Ixelles éditions, 2011.

MELETTA Cédric, *Jean Luchaire. L'enfant perdu des années sombres*, Paris, Perrin, 2013.

MONIER Frédéric, « La Cagoule : réseaux et organisation », *in* MONIER Frédéric (dir.), *Le complot dans la République. Stratégies du secret, de Boulanger à la Cagoule*, Paris, La Découverte, 1998, p. 271-296.

———, « Le CSAR, terrorisme et tentative de putsch », *in* MONIER Frédéric (dir.), *Le complot dans la République. Stratégies du secret, de Boulanger à la Cagoule*, Paris, La Découverte, 1998, p. 297-320.

MORENO CANTANO Antonio César, « Delegaciones y oficinas de prensa españolas en el extranjero durante el primer franquismo : el caso francés (1936-1942) », *Studia Historica. Historia contemporánea*, n° 25, 2007, p. 265-301.

MURACCIOLE Jean-François, *La Libération de Paris. 19-26 août 1944,* Paris, Tallandier, 2013.

ORY Pascal, *Les collaborateurs*, Paris, Seuil, 1976.

PLISNIER Flore, *Ils ont pris les armes pour Hitler. La collaboration armée en Belgique francophone*, Waterloo, Renaissance du Livre, 2012.

POUPAULT Christophe, « Les voyages d'hommes de lettres en Italie fasciste : espoir du rapprochement franco-italien et culture de la latinité », *Vingtième Siècle. Revue d'histoire*, n° 104, 2008, p. 67-79.

POZNANSKI Renée, « Avant les premières grandes rafles. Les Juifs à Paris sous l'Occupation (juin 1940-avril 1941), *Les Cahiers de l'Institut d'Histoire du Temps* Présent, n° 22, 1992, p. 25-56.

QUATTROCHI-WOISSON Diana, « Relaciones con la Argentina de funcionarios de Vichy y de colaboradores franceses y belgas, 1940-1960 », *Estudios Migratorios Latinoamericanos*, vol. 14, n° 43, 1999, p. 211-240.

RANALLETTI Mario, « Un refuge pour ceux qui voulaient tuer le général de Gaulle et la décolonisation : des "soldats perdus" de l'Algérie française en Argentine », *in* VAÏSSE Maurice, *De Gaulle et l'Amérique latine*, Rennes, PUR, 2014.

REIS TORGAL Luís, « L'État Nouveau portugais. Esquisse d'interprétation », *Pôle Sud*, n° 22, 2005, p. 39-48.

RICHARD Lionel, *Le Nazisme et la Culture*, Bruxelles, Éditions Complexe, 1988.

RIVERA Victor Samuel, « El Marqués de Montealegre de Aulestia : Hermeneuta de la contrarrevolución », *Solar,* n° 4, 2008, p. 103-137.

———, « Charles Maurras et Montealegre. Un marquis péruvien face aux Empires (1913-1914) », *La Rivista. Società Italiana di Filosofia Politica*, 2011.

ROLLAND Denis, DELGADO Lorenzo, GONZALEZ Eduardo, NIÑO Antonio, RODRIGUEZ Miguel, *L'Espagne, la France et l'Amérique latine. Politiques culturelles, propagandes et relations internationales, XXe siècle*, Paris, L'Harmattan, 2001.

ROMANO Antonio, MORENO Inés (coord.), *Pedro Figari: Presente de una utopía*, Montevideo, Universidad de la República, 2016.

ROUGEMONT Guy-Alban de, *Lazard Frères – Banquiers des Deux Mondes (1848-1939)*, Paris, Fayard, 2011.

SAULNIER BLOCH Marie, « Le statut juridique du régime de Vichy : de Vichy à Sigmaringen : d'un statut l'autre ». Thèse de doctorat sous la direction de Victor MONNIER, Univ. Genève, 2016.

SOREL Patricia, *Plon. Le sens de l'histoire (1833-1962)*, Rennes, PUR, 2016.

SOUCY Robert, *Fascismes français ? 1936-1939. Mouvements antidémocratiques*, Paris, Autrement, 2004.

VALLES Émile, *Itinéraires d'internés du Camps de Gurs 1939-1945*, Pau, Éditions Cairn, 2016.

VARELA FERNANDEZ Dario, « Ernest Martinenche y su red de intelectuales : construcción del hispanismo francés », *Iberic@l*, n° 15, 2019, p. 59-68.

VERGEZ-CHAIGNON Bénédicte, *Le dossier Rebatet. Les décombres – L'inédit de Clairvaux,* Paris, Robert Laffont, 2015.

———, Bénédicte, *Les secrets de Vichy*, Paris, Perrin, 2019.

VERNEUIL Yves, « Valeurs et combats de la Société des agrégés depuis 1914 », *Vingtième Siècle. Revue d'histoire*, vol. 77, n° 1, 2003, p. 69-84.

———, *Les agrégés. Histoire d'une exception française*, Paris, Belin, 2005.

VERSHININ Aleksandr, « Français à la recherche d'eux-mêmes : "la légion des volontaires français contre le bolchevisme" au front de l'Est (1940-1944) », *Guerres mondiales et conflits contemporains*, vol. 275, n° 3, 2019, p. 55-67.

VERVAECKE Philippe (éd.), *À droite de la droite : droites radicales en France et en Grande-Bretagne au XXᵉ siècle*, Villeneuve d'Ascq, Presses Universitaires du Septentrion, 2012, p. 275-296.

VILLEGAS Jean-Claude, *Paris, capitale littéraire de l'Amérique latine*, Dijon, Éditions universitaires de Dijon, 2007.

VIRGILI Fabrice, « Du Traître à la Cinquième colonne, France 1939-1945 », *in* BOULOUQUE Sylvain, GIRARD Pascal (dir.), *Traîtres et trahison*, Paris, Seli Arslan, 2007, p. 44-64.

ANNEXES

ANNEXE N° 1. Photographie de Charles Lesca en 1940

M. Ch. Lesca
(Photo P. P.)

Source : *Le Petit Parisien*, 22 octobre 1940, p. 1.

ANNEXE N° 2. Liste des personnes faisant partie du réseau de Charles Lesca

Nom	Nationalité
Abel Bonnard (1883-1968)	française
Abel Hermant (1862-1950)	française
Achille Mestre (1874-1960)	française
Adalbert Laffon (?)	française
Adolphe de Falgairolle (1898-1979)	française
Adrien Marquet (1884-1955)	française
Agustín Barrère (1865-1952)	argentine
Alain Laubreaux (1899-1968)	française
Albert Besnard (1849-1934)	française
Alberto Guerchunoff (1883-1950)	argentine
Alfonso Reyes (1889-1959)	mexicaine
Alfred Baudrillart (1859-1942)	française
Alfredo Navarro (1868-1951)	uruguayenne
Alphonse Séché (1876-1964)	française
Alphonse de Châteaubriant (1877-1951)	française
Amélie d'Orléans (1865-1951)	française
André Dezarrois (1889-1979)	française
André Melchissedec (?)	française
André Nicolas (1904 -1975)	française
André Salmon (1881-1969)	française
Angelo Chiappe (1889-1945)	française
Anne Cellier (1865-?)	française
Antoine-Marie Pietri (?)	française
Antonio Barroso y Sánchez Guerra (1893-1982)	espagnole
Antônio Camillo de Oliveira (1892-1982)	brésilienne

Augusto de Castro (1883-1971)	portugaise
Aurelio Viñas (1893-1958)	espagnole
Aurélien-Marie Lugné-Poe (1869-1940)	française
Béatrix Dussane (1888-1969)	française
Camille Fégy – pseudonyme de Jean Meillonas - (1902-1975)	française
Camille Mauclair (1872-1945)	française
Carlos Daireaux (1871-1957)	argentine
Carlos Fuldner (1910-1992)	argentine
Carlos Quijano (1900-1984)	mexicaine
Charles Benoist (1861-1936)	française
Charles J. Heudelot (?)	française
Charles Joubert (1875-1947)	française
Charles Maurras (1868-1952)	Française
Christian de Caters (1900-1979)	française
Claude Jeantet (1902-1982)	française
Claude Maubourguet (1921-2012)	Française
Claude Roy (1915-1997)	française
Claude Rémusat (1896-1982)	française
Claude-Joseph Gignoux (1890-1968)	française
Clément Serpeille de Gobineau (1886-1944)	française
Corpus Barga (1887-1975)	espagnole
Cosme Beccar Varela (?)	argentine
Jacques de Boistel (1897-1989)	française
Djilali Bentami (1896-1969)	franco-algérienne
Dornin de Leysat (?)	inconnue
[Enrique] Dorn y de Alsúa (?)	équatorienne
Edmond Giscard d'Estaing (1894-1982)	française
Édouard Boucherit (1874-1976)	française
Édouard Clavery (1867-1949)	française

Eduardo Aunós (1894-1967)	espagnole
Elmano Cardim (1891-1979)	brésilienne
Émile Vuillermoz (1878-1960)	française
Emilio Gascó Contell (1898-1974)	espagnole
Emmanuel Pontremoli (1865-1956)	française
Emmanuel de Peretti de la Rocca (1870-1958)	française
Ernest Fourneau (1872-1949)	française
Ernest Martinenche (1869-1941)	française
Ernest Perrot (1881-1938)	française
Eugène Gerber (1895-?)	française
Eugène Marie Louis Bridoux (1888-1955)	française
Eugène Marsan (1882-1936)	française
Federico Álvarez de Toledo (1875-1939)	argentine
Ferdinand de Brinon (1885-1947)	française
Fernand Gregh (1873-1960)	française
Fernand Sorlot (1904-1981)	française
Francis de Miomandre (1880-1959)	française
Francisco García Calderón Rey (1883-1953)	péruvienne
Francisco León de la Barra (1863-1939)	mexicaine
Francisco Manuel Homem Cristo (1860-1943)	portugaise
Francisco Mújica (1899-1979)	mexicaine
François Chasseigne (1902-1977)	française
François Le Grix (1881-1966)	française
François Porché (1877-1944)	française
François Ribadeau Dumas (1904-1998)	française
Gabriel Boissy (1879-1949)	française
Gabriel Courtial (?)	inconnue
Gaspard Delpy (1888-1952)	française
Georges Blond (1906-1989)	française
Georges Bonnet (1889-1973)	française

Georges Claude (1870-1960)	française
Georges Dumas (1866-1946)	française
Georges Guilbaud (1914-?)	française
Georges Le Gentil (1875-1946)	française
Georges Lecomte (1867-1958)	française
Georges Montandon (1879-1944)	franco-suisse
Georges Oudard (1889-1971)	française
Georges Pillement (1894-1984)	française
Georges Prêcheur (?)	française
Georges Suarez (1890-1944)	française
Gerardo Machado y Morales (1871-1939)	cubaine
Germán Arciniegas (1900-1999)	colombienne
Goffredo da Silva Telles (1888-1980)	brésilienne
Gonzalo Zaldumbide (1884-1965)	équatorienne
Guillermo Padilla Castro (1899-1979)	costaricienne
Ernest Guglielminetti (1862-1943)	suisse
Gustave-Louis Tautain (1891-1945)	française
Guy de Wendel (1878-1955)	française
Hans Sommer (1914-1987)	allemande
Hector L. Farini Fynn (1895-1978)	argentine
Henri Barbé (1902-1966)	française
Henri Béraud (1885-1958)	française
Henri Chauchart du Mottay (1900-1987)	française
Henri Dordezon (1891-?)	française
Henri Dulignier (1868-1942)	française
Henri Lèbre (1894-1976)	française
Henri Poulain (1912-1987)	française
Henri de Régnier (1864-1936)	française
Henry de Jouvenel (1876-1935)	française
Herbert Moses (1884-1972)	brésilienne

Hervé Le Grand (?)	française
Horace de Carbuccia (1891-1975)	française
Hubert de Lagarde (1898-1945)	française
Jacques Benoist-Méchin (1901-1983)	française
Jacques Boulenger (1879-1944)	française
Jacques Bouly de Lesdain (1880-1976)	française
Jacques Ditte (1885-1958)	française
Jacques Doriot (1898-1945)	française
Jacques Hippolyte Lesca (1853-1938)	française
Jacques Roujon (1884-1971)	française
Jean Dagnan-Bouveret (1852-1929)	française
Jean Fontenoy (1899-1945)	française
Jean de Kermaingant (?)	française
Jean Fossati (?)	française
Jean Hérold-Paquis (1912-1945)	française
Jean Lestrandi (1885-?)	française
Jean Loustau-Chartez (1915-1994)	française
Jean Luchaire (1901-1946)	française
Jean Montigny (1892-1970)	française
Jean Vignaud (1875-1962)	française
Jean-Charles Legrand (1900-1982)	française
Jean-Henri Jauneaud (1892-1976)	française
Jean-Louis Vaudoyer (1883-1963)	française
Jean-Pierre Ingrand (1905-1992)	française
Joan Estelrich i Artigues (1896-1958)	espagnole
José de la Riva-Agüero y Osma (1885-1944)	péruvienne
Joseph Darnand (1897-1945)	française
Joseph Serre (pseudonyme de Maurice Lebrun) (1900-1979)	française
Joseph de Pesquidoux (1869-1946)	française

José Félix de Lequerica (1890-1963)	espagnole
José Germain – nom de plume de Germain Joseph Drouilly – (1884-1964)	française
José Luis Gabriel Terra (1873-1942)	uruguayenne
José María Cantilo (1877-1953)	argentine
José Pacífico Otero (1874-1937)	argentine
José Severiano de Rezende (1871-1931)	brésilienne
José Suevos Fernández-Jove (1907-2001)	espagnole
Juan Antonio Plaza (1881-1933)	uruguayenne
Juan Pablo Echagüe (1875-1950)	argentine
Juan Perón (1895-1974)	argentine
Juan S. Valmaggia (1896-1980)	argentine
Jules Supervielle (1884-1960)	française
Jérôme Tharaud (1874-1953)	française
Laureano Valenilla Lanz (1870-1936)	vénézuélienne
Laurinda Santos Lobo (1878-1946)	brésilienne
Lazare de Gérin-Ricard (1907-1978)	française
Louis Darquier de Pellepoix (1897-1980)	française
Louis Defert (1867-1956)	française
Louis Dumont-Wilden (1875-1963)	belge
Louis Le Fur (1870-1943)	française
Louis Forest - pseudonyme de Louis Nathan - (1872-1933)	française
Louis-Ferdinand Céline (1894-1961)	française
Louis Lecoin (1888-1971)	française
Louis Madelin (1871-1956)	française
Lucien Rebatet (1903-1972)	française
Luis Antonio Peña Herrera (1894-?)	équatorienne
Luis Lara Pardo (1873-1959)	mexicaine
Luiz Martins de Souza Dantas (1876-1954)	brésilienne

Léon J. Garcey (1872-1960)	inconnue
Manuel Aznar Zubigaray (1894-1975)	espagnole
Manuel María de Peralta y Alfaro (1847-1930)	costaricienne
Manuel Ugarte (1878-1951)	argentine
Marc Augier (1908-1990)	française
Marcel Bataillon (1895-1977)	française
Marcel Déat (1894-1955)	française
Marcel Rivière (1875-1966)	inconnue
Maria Emilia Levray (?)	inconnue
Mariano Daranas (1898-1994)	espagnole
Mariano de Vedia y Mitre (1881-1958)	argentine
Mario Belgrano (1884-1947)	argentine
Marius André (1868-1927)	française
Marquis de Chambray (?)	française
Marquis de Miramon (?)	française
Marte Rodolfo Gómes Segura (1896-1973)	mexicaine
Maryse Bastié (1898-1952)	française
Maurice Gabolde (1891-1972)	française
Maurice Levillain (1892-1974)	française
Maurice de Waleffe (1874-1946)	belge
Maurice-Ivan Sicard (1910-2000)	française
Max Daireaux (1882-1954)	argentine
Maxime Real del Sarte (1888-1954)	française
[Francisco] Melgar (?)	espagnole
Miguel Ezquerra (1913-1984)	espagnole
Marie Bizet (1905-1998)	française
Nicolás Repetto (1871-1965)	argentine
Olympe Gilbart (1874-1958)	belge
Otto Abetz (1903-1958)	allemande
Paul Bertheaume (1886-1941)	française

Paul Chack (1876-1945)	française
Paul Louis Robert Marie de Durfort-Civrac (1891-1972) -duc de Lorge-	française
Paul Frechou (?-201?)	française
Paul Morand (1888-1976)	française
Paul Mouton (?)	inconnue
Paul Reboux (1877-1963)	française
Paul Rivain (1910-1940)	française
Paul Saurin (1903-1983)	française
Paul Scott Mowrer (1887-1971)	états-unienne
Paulo Osorio (1882-1965)	portugaise
Pedro Figari (1861-1938)	uruguayenne
Pedro Teofilo Vigneu (?)	argentine
Philippe Henriot (1889-1944)	française
Philippe d'Estailleur-Chanteraine (1894-1965)	française
Philippe Roy (1868-1948)	canadienne
Philippe de Zara (1893-1955)	française
Pierre Antoine Cousteau (1906-1965)	française
Pierre Bonardi (1887-1964)	française
Pierre Champion (1880-1942)	française
Pierre Couissin (1891-?)	française
Pierre Daye (1892-1960)	belge
Pierre Drieu la Rochelle (1893-1945)	française
Pierre Durand (1883-1956)	française
Pierre Even (1884-1941)	française
Pierre Gaxotte (1895-1982)	française
Pierre Héricourt (1895-1965)	française
Pierre Laval (1883-1945)	française
Pierre Lucius (1883-1967)	française
Pierre Varillon (1897-1960)	française

Pierre Villette (1883-1966)	française
Pierre de Fouquières (1868-1960)	française
Princesse S. Narischkine (?)	inconnue
Rafael Espinosa de los Monteros (1890-1942)	espagnole
Ralph Soupault (1904-1962)	française
Raúl de Labougle Carranza (1896-1986)	argentine
Raul Morosoli Nuñez (?)	argentine
Raul dos Guimaraes Bonjean (?)	brésilienne
Raymond Ronze (1887-1966)	française
René Benjamin (1885-1948)	française
René Bruyez (1886-1969)	française
René Caudron (1884-1959)	française
René Gain (1889-1949)	française
René Richard (1894-1951)	française
Robert Brasillach (1909-1945)	française
Robert Castille (1912-?)	française
Robert de Roquebrune (1889-1978)	canadienne
Robert Desnos (1900-1945)	française
Robert Fabre-Luce (1897-1983)	française
Robert Havard de la Montagne (1877-1963)	française
Robert Pincemin (ca. 1915 - 2001)	française
Robert Voineau (?)	française
Serge Denis (1895-1955)	française
Serge Jeanneret (1911-2000)	française
Simon Arbellot de Vacqueur (1897-1965)	française
Simon Sabiani (1888-1956)	française
Simón Barceló (1873-1938)	vénézuélienne
Simone Routier (1901-1987)	canadienne
Thierry Maulnier (19009-1988)	française
Urbain J. Thuau (1884-1965)	française

Vegarano (?) Espagnol ?	inconnue
Ventura García Calderón (1886-1959)	péruvienne
Victor Andrés Belaunde (1883-1966)	péruvienne
Victor Barthélemy (1906-1985)	française
Waldemar Klingelhöfer (1900-1980)	allemande
William Morton Fullerton (1865-1952)	états-unienne
Xavier Vallat (1891-1972)	française

ANNEXE N° 3. Devenir des Collaborateurs proches de Charles Lesca après la guerre

NOM	FONCTION OCCUPÉE	DEVENIR À LA LIBÉRATION
Abel Bonnard	Ministre de l'Éducation Nationale	Fuit en Allemagne (1944) Fuit en Espagne (1945) Condamné à mort par contumace (1945) Revient en France pour un nouveau procès où il est condamné à dix ans de bannissement à partir de 1945 (1958)
Abel Hermant	Écrit des articles favorables à l'Occupation	Condamné à la prison perpétuelle (1945) Remis en liberté pour raison de santé (1948)
Adalbert Laffon	Ambassadeur de France à Madrid	Reste en Espagne (1944) Devient ostréiculteur en Galice (1945)
Adolphe de Falgairolle	Collabore à l'Almanach vichyssois	Aucun procès à son encontre ; il continue sa carrière d'écrivain et traducteur
Adrien Marquet	Ministre de l'Intérieur	Arrêté et incarcéré (1944) Acquitté (1948) Parraine une liste municipale à Bordeaux (1953)
Alain Laubreaux	Membre de la rédaction de *Je suis partout*	Fuit en Espagne (1944) Condamné à mort par contumace (1947)
Alphonse de Châteaubriant	Directeur de *La Gerbe*	Fuit en Allemagne (1944) Fuit en Autriche (1945)

		Condamné à mort par contumace (1948), il continue sa carrière d'écrivain
André Nicolas	Actionnaire majoritaire de *Je suis partout* Directeur de *Frontières*	Fuit en Suisse (1944) Condamné par contumace à cinq ans de prison (1946) Revient en France (1950) et fait carrière dans l'industrie
André Salmon	Publie dans la presse collaborationniste	Condamné à cinq ans d'indignité nationale (1946) poursuit sa carrière d'écrivain
Angelo Chiappe	Préfet	Arrêté à Paris (1944) Condamné à mort et fusillé (1945)
Antoine-Marie Pietri	Chef de service de la presse et censure de Vichy	Arrêté (1944) Libéré (années 1950)
Camille Fégy	Directeur de *La Gerbe* Membre du PPF	Condamné aux travaux forcés (1945) puis gracié
Camille Mauclair	Collaborateur à la revue *Grand Magazine illustré de la Race : Revivre* et *Le Matin*	Meurt avant sa sentence Inclus dans la liste d'auteurs interdits par le Comité National des Écrivains
Claude Jeantet	Chef du Service de la presse étrangère à Vichy Journaliste à *Je suis partout*, *Candide*	Condamné aux travaux forcés à perpétuité (1946) Gracié (1955) Collabore dans le journal *Fraternité Française*
Claude Maubourguet	Collaborateur à *Je suis partout*, *Combats* Milicien	Condamné aux travaux forcés à perpétuité (1944) Libéré (1950) Fait carrière aux éditions Bordas
Claude-Joseph Gignoux	Membre du Conseil national de Vichy Président du Centre interprofessionnel des commissions de	Arrêté puis relâché rapidement (1944) Fonde et dirige la SEDEIS (*Société d'études et de documentation*

	reclassement des prisonniers de guerre rapatriés	*économiques, industrielles et sociales*) (1945) Devient directeur de la *Revue des Deux Mondes* (1954) Élu à l'Académie des sciences morales et politiques (1958)
Clément Serpeille de Gobineau	Membre du RNP Président du comité d'honneur de l'Institut des questions juives	Meurt lors d'un bombardement (1944)
Émile Vuillermoz	Collaborateur à *Je suis partout* Préfacier de Philippe Henriot	Inclus dans la liste d'auteurs interdits par le Comité national des écrivains
Emmanuel de Peretti de La Rocca	Membre du Conseil de justice politique sous Vichy	Il ne sera pas molesté par la justice
Ernest Fourneau	Membre du PPF Membre du *Groupe Collaboration* Directeur du Comité consultatif du Groupement corporatif de la presse périodique générale	Arrêté en septembre puis relâché en décembre (1944) Bénéficie d'un non-lieu (1945) Réintègre l'Institut Pasteur (1945) Directeur d'un laboratoire de recherches de Rhône-Poulenc (1946)
Eugène Marie Louis Bridoux	Secrétaire d'État à la guerre Sous-secrétaire d'État à la Défense nationale	Fuit en Allemagne (1944) Capturé et rapatrié en France il est incarcéré au fort de Montrouge (1945) Réussi à s'évader et s'exile en Espagne (1947) Condamné à mort par contumace (1948)
Ferdinand de Brinon	Délégué général du gouvernement français dans les territoires occupés (1940-1944)	Fuit en Allemagne (1944) Il se rend et est incarcéré (1945) Condamné à mort et fusillé (1947)

Fernand Sorlot	Sa maison d'édition s'ouvre au capital allemand et publie des ouvrages allemands	Condamné à 20 ans d'indignité nationale et confiscation de ses biens (1948) Reprend son activité d'éditeur (1948)
François Chasseigne	Directeur de la propagande ouvrière au ministère de l'Information Directeur de cabinet au ministère du Travail Commissaire général au Service du Travail Obligatoire Secrétaire d'État à l'agriculture	Arrêté et incarcéré (1944) Condamné aux travaux forcés (1948) Bénéficie de la loi d'amnistie (1951) Devient attaché de direction chez Ford
François Le Grix	Directeur de *La Revue Hebdomadaire* et *L'Ami du peuple*	Il ne sera pas molesté par la justice
Georges Blond	Collaborateur à *Je suis partout* Participe au second voyage d'écrivains français en Allemagne	Condamné à l'indignité nationale (1944) ; continue sa carrière d'écrivain
Georges Bonnet	Membre du Conseil National de Vichy	Fuit en Suisse (1944) Il retourne en France (1950) mais il ne sera pas molesté Conseiller général de Champagnac-de-Belair (1951) Maire de Brantôme (1955) Député de la Dordogne (1956-1958, 1958-1962, 1962-1967, 1967-1968)
Georges Claude	Membre du Comité d'honneur du *Groupe Collaboration* Membre du Conseil national consultatif	Arrêté (1944) puis condamné à la réclusion perpétuelle, confiscation de ses biens et indignité nationale

	Membre du comité d'honneur de la LVF	Liberté conditionnelle accordée en raison de son âge (1950) Poursuit ses recherches scientifiques
Georges Guilbaud	Membre du PPF Réorganise la Milice en Zone Nord	Fuit en Allemagne (1944) Fuit en Espagne (1945) Fuit en Argentine (1947)
Georges Montandon	Président de la commission ethnique du PPF Contribue à l'exposition « Le Juif et la France » Directeur de l'Institut d'études des questions juives et ethnoraciales	Survit à une attaque de la Résistance (3 août 1944) Exfiltré en Allemagne, il meurt (30 août 1944)
Georges Suarez	Éditeur du journal pro-allemand *Aujourd'hui* Biographe du maréchal Pétain	Arrêté (août 1944) Condamné à mort (octobre 1944) Fusillé (novembre 1944)
Henri Barbé	Secrétaire général du *Rassemblement National Populaire* Président du *Front révolutionnaire national*	Condamné aux travaux forcés (1944) Gracié (1949) Devient membre de l'équipe du *Bulletin de l'Association d'Études et d'Informations Politiques internationales* (1949)
Henri Béraud	Directeur politique de *Gringoire*	Arrêté (septembre 1944) Condamné à mort (décembre 1944) Gracié, il voit sa peine commuée en travaux forcés (1945) Peine commuée en internement (1947) Libéré (1950)
Henri Lèbre	Membre du bureau politique du PPF	Fuit en Allemagne (1944) Fuit en Argentine et Portugal

	Directeur du *Cri du peuple* Collabore à *Je suis partout*	Condamné à mort par contumace Rentre en France et collabore avec *Rivarol*
Henri Poulain	Rédacteur au journal de la radio à Vichy Collaborateur à *Je suis partout*, *La Gerbe*, *Révolution nationale*	Fuit en Suisse (1944) Condamné par contumace aux travaux forcés à perpétuité (1947) Acquitté (1952) ; reprend sa carrière d'écrivain
Horace de Carbuccia	Directeur de *Gringoire*	Fuit en Suisse (1944) Condamné par contumace à cinq ans de travaux forcés (1944) Rentre en France et est acquitté (1955) ; poursuit sa carrière d'éditeur
Jacques Benoist-Méchin	Membre du PPF Secrétaire d'état à la vice-présidence du Conseil chargé des rapports franco-allemands Favorise la création du STO	Arrêté et incarcéré à Fresnes (1944) Condamné à mort et à l'indignité nationale (juin 1947) Gracié (juillet 1947) Sa peine est commuée en travaux forcés à vie (août 1947) Bénéficie d'une remise de peine et obtient la liberté conditionnelle (1953) ; poursuit sa carrière d'écrivain
Jacques Boulenger	Membre du PPF Collaborateur à *Gringoire*, *Aujourd'hui*, *L'Émancipation nationale*, *Cri du peuple*, *Je suis partout* Rédacteur de pamphlets antisémites	Meurt sans avoir été molesté (novembre 1944)
Jacques Bouly de Lesdain	Rédacteur politique de *L'Illustration*	Fuit en Allemagne (août 1944) Fuit en Italie (1945)

	Directeur de la radiodiffusion du gouvernement français à Sigmaringen	Condamné à mort par contumace (février 1950) Devient collaborateur du journal du Vatican, *L'Osservatore Romano* (1958)
Jacques de Boistel	Directeur des services du *Service des Sociétés Secrètes* Secrétaire général de la revue *Les Documents maçonniques*	Arrêté et incarcéré à Paris (1944) Condamné à quinze ans de travaux forcés (1946)
Jacques Ditte	Directeur, à Paris, de la direction du statut des personnes du commissariat général aux questions juives	Accusé, il obtient un non-lieu (1946) Collaborera dans *Rivarol* (années 1950)
Jacques Doriot	Fondateur et leader du PPF Fondateur du journal le *Cri du peuple*	Fuit en Allemagne (1944) Meurt lors d'un trajet en voiture (1945)
Jacques Roujon	Directeur du *Petit parisien*	Fuit en Suisse (1944) Condamné à la réclusion perpétuelle par contumace (1948) Revient en France et est condamné à cinq ans de prison (1954)
Jean Fontenoy	Membre du comité directeur du RNP Fondateur de *La Vie nationale* et *Révolution nationale* Chargé de mission par Laval en Allemagne Directeur général adjoint de l'Office français d'information	Fuit en Allemagne (1944) Il se suicide à Berlin lors de l'entrée des troupes soviétiques (1945)
Jean Fossati	Membre du directoire du PPF	Arrêté et incarcéré (1945)

	Secrétaire général du PPF Membre du *Front révolutionnaire national*	Condamné à sept ans de travaux forcés (juillet 1948)
Jean Hérold-Paquis	Membre du PPF Chargé de la chronique militaire de Radio-Paris, puis Radio Patrie	Fuit en Allemagne (1944) Fuit en Espagne et Suisse (1945) Livré à la France il est incarcéré à Fresnes (juillet 1945) Condamné à mort (septembre 1945) Fusillé (octobre 1945)
Jean Loustau-Chartez	Membre du PPF Collaborateur à le *Cri du Peuple* Chargé de la revue de presse à Radio-Paris, puis Radio Patrie Engagé dans la Waffen-SS	Fuit en Allemagne (1944) Fuit en Suisse (1945) Livré par la Suisse à la France, il est condamné à mort (octobre 1945) Gracié par De Gaulle, il reprend sa carrière de journaliste et travaille en qualité de rédacteur en chef de *Valeurs Actuelles* et *Spectacle du monde*
Jean Luchaire	Fondateur du journal *Les Nouveaux Temps* Président de l'Association de la presse parisienne et la Corporation nationale de la presse française Directeur du journal *La France* et de l'émission radio, *Ici la France*	Fuit en Allemagne (1944) Arrêté par les Américains en Italie, il est livré à la France (mai 1945) Condamné à mort, il est fusillé (février 1946)
Jean Montigny	Député de la Sarthe Directeur de la censure à Vichy Membre du Conseil national Maire de Chantenay (Sarthe)	Acquitté de son soutien au régime de Vichy (1949) Élu président de l'Union des Intellectuels Indépendants (1951) Candidat aux législatives dans la Seine pour le

		Rassemblement National Français (1956)
Jean-Charles Legrand	Collabore à *Paris-Soir*, *Libre Parole* Chargé de mission au ministère de l'Information	Arrêté et incarcéré à Fresnes (1944) Mis en liberté, il fuit (1945) et travaille comme avocat pour les indépendantistes marocains Il sera ramené en France (1955) puis il retournera au Maroc
Jean-Henri Jauneaud	Général de division aérienne Membre du PPF Collabore à *La Gerbe* et fonde *La Revue du monde*	Condamné aux travaux forcés à perpétuité (mars 1945) Libéré par ordre du président Vincent Auriol (janvier 1951) Amnistié (1954)
Jean-Pierre Ingrand	Préfet Représentant du ministre de l'Intérieur de Vichy à Paris	Arrêté et incarcéré à Fresnes (mai 1945) Remis en liberté provisoire (août 1945) Son affaire est classée (mai 1947) Il fuit en Suisse puis en Argentine Acquitté par contumace (novembre 1948) Président de l'Alliance Française à Buenos Aires (1952-1991)
Joseph Darnand	Chef de la Légion française des combattants des Alpes-Maritimes Commandant national du Service d'ordre légionnaire Adhérent de la LVF	Fuit en Allemagne (1944) Arrêté par les troupes britanniques, il est livré à la France (juin 1945) Condamné à mort (3 octobre 1945) Fusillé au fort de Châtillon (10 octobre 1945)

	Chef national de la Milice	
Joseph Serre	Membre du directoire du PPF Chargé du service de renseignement du PPF (Paris) Administrateur à Marseille de *L'Émancipation nationale*	Arrêté et incarcéré à Fresnes (novembre 1945) Condamné à vingt ans de travaux forcés (juillet 1948) Libéré (1951)
José Germain	Membre du *Groupe Collaboration*	Arrêté et incarcéré à Fresnes (août 1944) Condamné à trois ans de prison (1947) déjà effectués ; reprend sa carrière d'écrivain
Louis Darquier de Pellepoix	Fondateur de *L'Union française pour la défense de la race* Commissaire général aux questions juives	Fuit en Espagne (1944) Condamné à mort par contumace (1948) Il travaille comme traducteur pour les autorités franquistes
Louis-Ferdinand Céline	Écrivain et propagandiste antisémite	Fuit en Allemagne (1944) Fuit au Danemark (1945) Condamné par contumace à un an de prison, déjà effectué au Danemark, et à l'indignité nationale (1950) Amnistié (1951), il retourne en France et poursuit sa carrière d'écrivain
Lucien Rebatet	Membre de l'équipe de rédaction de *Je suis partout* Membre du comité directeur du *Front révolutionnaire national* Membre de la Milice	Fuit en Allemagne (1944) Fuit en Autriche, où il est arrêté (mai 1945) Condamné à mort (novembre 1946) Sa peine est commuée en prison (avril 1947) Libéré (juillet 1952)

		Collabore avec *Dimanche Matin*, *Rivarol* puis travaille comme critique cinéma à *Valeurs actuelles* (1966-1972)
Marc Augier	Chef du mouvement *Jeunes pour l'Europe nouvelle* (Groupe Collaboration) Rédacteur en chef de *La Gerbe* Membre du bureau politique du PPF Membre de la LVF	Fuit en Allemagne (1944) Fuit en Italie (1945) puis Argentine condamné à mort par contumace (octobre 1948) Revient en France et se constitue prisonnier (1953) Condamné à deux ans de prison il bénéficie de l'amnistie Poursuit sa carrière d'écrivain et cofonde l'Association des Amis du Socialisme Français et de la Commune (1961)
Marcel Déat	Fondateur et chef du *Rassemblement national populaire* Ministre du Travail et de la Solidarité nationale	Fuit en Allemagne (1944) Fuit en Italie (1945) Condamné à mort par contumace (juin 1945)
Maurice Gabolde	Membre du *Groupe Collaboration* Procureur de la République à Paris Ministre de la Justice	Fuit en Allemagne (1944) Fuit en Espagne (mai 1945) Condamné à mort par contumace (mars 1946) Il travaille comme enseignant de français en Espagne
Maurice Levillain	Conseiller municipal de Paris (20e arr.) Membre et vice-président du *Rassemblement national populaire* Secrétaire général du Secours national de la région parisienne	Arrêté (septembre 1944) Incarcéré à Fresnes (novembre 1944) Condamné aux travaux forcés à perpétuité (1947) Sa peine est commuée à vingt ans de travaux forcés avant d'être gracié (1951)

Maurice-Ivan Sicard	Membre du PPF Rédacteur en chef de *L'Émancipation nationale* Secrétaire à la presse et à la propagande du PPF	Fuit en Allemagne (1944) Condamné aux travaux forcés à perpétuité par contumace (1945) Fuit en Espagne (1946) Il se livre à la justice française et est gracié (1957) Reprend sa carrière d'écrivain et journaliste et collabore entre autres à *Rivarol* et *Spectacle du Monde*
Maxime Real del Sarte	Sculpteur engagé auprès du régime de Vichy	Condamné à la réclusion à perpétuité (1945)
Paul Chack	Président du Comité d'action antibolchevique Président du Cercle aryen Collaborateur à *Aujourd'hui*	Arrêté et incarcéré à Fresnes (août 1944) Condamné à mort (décembre 1944) Fusillé au fort de Montrouge (janvier 1945)
Paul Frechou	Chef du 1er service du SOL Chef du 2e service de la Milice en zone nord	Fuit en Allemagne (1944) Fuit en Italie puis en Espagne (1945) Fuit en Argentine (1946) Condamné à mort par contumace (novembre 1949)
Paul Morand	Membre du cabinet Laval Ambassadeur de France en Roumanie, puis en Suisse	Reste en Suisse (1944) Inclus dans la liste d'auteurs interdits par le Comité national des écrivains Poursuit sa carrière d'écrivain Réintégré dans l'administration (1953) Rentre en France et obtient sa retraite (1955)

		Élu membre de l'Académie française (1968)
Paul Saurin	Député d'Oran Membre du Conseil national de Vichy Président du conseil général d'Oran	Révoqué de ses fonctions politiques (mai 1944) Condamné à une peine d'inéligibilité (1946)
Philippe Henriot	Membre de la Milice Éditorialiste à Radio-Paris	Abattu par la Résistance (juin 1944)
Philippe de Zara	Rédacteur en chef de *Le Front Latin* puis *Sud-Ouest* Collabore à *Je suis partout*	Confiscation de ses biens, droits et intérêts (juillet 1945) Interdit par le Comité national des écrivains pour une durée de deux ans (janvier 1947)
Pierre Antoine Cousteau	Rédacteur en chef de *Je suis partout* Rédacteur adjoint de *Paris-Soir* Membre de la Milice Membre du PPF	Fuit en Allemagne (1944) Fuit en Autriche, où il est arrêté (1945) Transféré à Paris (janvier 1946) Condamné à mort (novembre 1946) Sa peine est commuée en travaux forcés à perpétuité à la prison de Clairvaux (1947) Gracié par le président Vincent Auriol (1953) Libéré (1954) Reprend sa carrière de journaliste, collabore à *Rivarol* et *Lectures françaises*
Pierre Bonardi	Membre du PPF Dirigeant du PPF de Corse Directeur du journal *L'Atlantique*	Accusé (1944) Acquitté (janvier 1945) Poursuit sa carrière d'écrivain et fonde *Parlemu Corsu*, une académie régionaliste et littéraire
Pierre Drieu La Rochelle	Membre du PPF	Caché depuis la Libération, il se suicide (mars 1945)

	Membre du *Groupe Collaboration* Directeur de *La Nouvelle Revue Française* Collabore à *Je suis partout* et *Révolution nationale*	
Pierre Héricourt	Directeur général de la LVF Consul à Barcelone (Espagne)	Reste en Espagne (1944)
Pierre Laval	Vice-président du Conseil Secrétaire d'État aux Affaires étrangères Chef du gouvernement	Fuit en Allemagne (1944) Fuit en Espagne (mai 1945) Remis aux autorités françaises (août 1945) Condamné à mort (9 octobre 1945) Fusillé (15 octobre 1945)
Pierre Varillon	Collabore à *L'Action française*	Condamné à cinq ans d'indignité nationale (juillet 1946) Poursuit sa carrière de journaliste et collabore avec *L'indépendance française* (1946-1950) et *La Nation française* (1955)
Pierre Villette	Membre de l'équipe de *Je suis partout* Administrateur de la Société *« Je suis partout »* Président du conseil de surveillance de *Je suis partout* Collaborateur au *Cri du peuple* Rédacteur à Radio Patrie	Fuit en Allemagne (1944) Fuit en Amérique latine ; condamné à mort par contumace (mai 1947)
Ralph Soupault	Dessinateur et caricaturiste de *Je suis partout*, *Le Cri du peuple*, *Le Petit Parisien*, *Combats*	Fuit en Allemagne (1944) Fuit en Italie, où il est arrêté (mars 1946)

	Secrétaire de la fédération Paris-Ville du PPF	Livré à la France, il est incarcéré et condamné à quinze ans de travaux forcés (janvier 1947) Libéré pour raisons de santé (novembre 1950) Il collabore à *Rivarol* sous le pseudonyme de Léno
René Benjamin	Écrit et donne des conférences où il prône la Collaboration Publie des ouvrages à l'honneur du Maréchal Pétain	Arrêté et incarcéré (décembre 1944) Bénéficie d'un non-lieu lors de son procès (1945) Poursuit sa carrière d'écrivain
René Bruyez	Agent du ministère de l'Information Auteur du « Credo du Français »	Il ne sera pas molesté Écrit plusieurs pièces de théâtre et organise des manifestations culturelles
Robert Brasillach	Collaborateur à *Je suis partout* puis *Révolution nationale*, *La Chronique de Paris* et *L'Écho de la France*	Il se constitue prisonnier (septembre 1944) Condamné à mort (19 janvier 1945) Fusillé au fort de Montrouge (6 février 1945)
Robert Castille	Attaché juridique au Commissariat Général aux Questions Juives Secrétaire de Xavier Vallat	Arrêté et incarcéré à Fresnes (mars 1945) puis libéré Travaille pour le *Centre national des Indépendants et Paysans* et fonde le journal *Paris* (1955)
Robert Fabre-Luce	Écrivain antisémite militant de l'idéologie national-socialiste en France Fondateur de l'Alliance raciste européenne	Arrêté (mai 1947) Libre après classement de son affaire, demande réparation de son séjour en prison (nov. 1948) Collabore à *Le Crapouillot* (années 1950)
Robert Havard de la Montagne	Collaborateur à *L'Action française*, *Je suis partout*, *Revue universelle*	Condamné à l'indignité nationale (janvier 1947) Collabore à *Paroles Françaises* puis *Aspects de la France* (années 1950) et

		poursuit sa carrière d'écrivain
Robert Pincemin	Membre de la Légion Française des Combattants Chef du SOL dans l'Ariège Chef de la Milice dans l'Ariège et la Haute-Garonne	Fuit en Allemagne (1944) Fuit en Italie, au même moment, il est condamné à mort par contumace (avril 1945) Fuit en Argentine (1947) Fait carrière comme homme d'affaires et devient cofondateur du mouvement *Ciudad Católica Argentina* (1959)
Robert Voineau	Collaborateur à *Le Pays libre* (organe du Parti Français National-Collectiviste)	Fuit en Espagne (1944) Fuit en Argentine (1945)
Serge Jeanneret	Membre du PPF Chef adjoint de cabinet du ministre de l'Éducation nationale Collabore à *L'Émancipation nationale*, *Le Cri du peuple*, *Je suis partout*, *Idées*, *L'Action française*	Il ne sera pas molesté car membre du réseau de résistance Alliance Secrétaire parlementaire du groupe Indépendants d'action républicaine et sociale (1952) Directeur de la revue *L'Éducateur moderne* (1954) Responsable du service de presse de l'Union de défense des commerçants et artisans de Pierre Poujade (1955) Conseiller municipal de Paris du RPR (1977-1989) Conseiller régional d'Île-de-France du FN (1986-92)
Simon Arbellot de Vacqueur	Directeur de la presse au ministère de l'Information à Vichy Consul général de France à Malaga (Espagne)	Fuit en Espagne (1944) Condamné à la dégradation nationale à vie et à la confiscation de ses biens (juin 1946) Arrêté (avril 1947)

		Amnistié (1949) Reprend sa carrière d'écrivain et journaliste Contribue à *Écrits de Paris*
Simon Sabiani	Membre du directoire du PPF Conseiller général de Marseille Gestionnaire du bureau marseillais de recrutement de la LVF Secrétaire général de la LVF	Fuit en Allemagne (1944) Condamné à mort par contumace (1945) Fuit en Italie (1945) Fuit en Argentine (1946) Fuit en Espagne (1953)
Thierry Maulnier	Collabore à *Revue universelle*, *Candide*, *Idées* Membre du comité directeur du *Rassemblement national populaire* Responsable des programmes de l'Institut national de formation légionnaire Agent du ministère de la propagande à Vichy	Arrêté et incarcéré brièvement (1944) Collaborateur à *Hommes et Mondes*, *Le Figaro* Élu membre de l'Académie française (1964)
Victor Barthélemy	Membre du bureau politique du PPF Collabore à *L'Émancipation nationale*, *Cri du peuple* Secrétaire général du PPF dans les deux zones Membre du comité central de la LVF	Fuit en Allemagne (1944) Fuit en Italie, arrêté en mai 1945 Incarcéré à Nice (juin 1945) Libéré (début 1950) Membre du *Mouvement Social Européen*, *Rassemblement National Français* puis membre et secrétaire administratif (1973-1975) Secrétaire général (1975-1978) du *Front National*

Xavier Vallat	Secrétaire général aux anciens combattants Commissaire général aux questions juives Vice-président de la Légion française des combattants	Arrêté et incarcéré à Fresnes (août 1944) Condamné à dix ans de prison et à l'indignité nationale (1947) Liberté conditionnelle (1949) Liberté de mouvement (1952) Amnistié (1954) Collaborateur puis directeur d'*Aspects de la France*

INDEX

T

U

V

W

Z

TABLE DE MATIÈRES

REMERCIEMENTS

Merci à vous, cher lecteur, pour l'intérêt que vous avez porté à ce livre consacré au parcours de Charles Lesca. La première fois que j'ai croisé son nom ce fut en 2017 dans le cadre de ma thèse sur les réseaux hispanistes au début du XXe siècle, pendant un séjour de recherche à Buenos Aires. Il était partout, lié à bien des initiatives, mais les études historiques sur son rôle intellectuel étaient inexistantes et celles sur son rôle politique fort rares, quand bien même son nom était évoqué régulièrement.

En 2019, après ma soutenance de thèse, en possession des informations obtenues en Argentine et coïncidant avec le 70e anniversaire de son décès, je me suis lancé le défi d'essayer de construire un portrait le plus complet possible de ce journaliste franco-argentin d'extrême-droite et dont le résultat est le livre que vous avez entre les mains.

Je tiens à remercier Joëlle Chassin d'avoir accepté de publier cet ouvrage dans cette collection et Manuelle Peloille pour sa confiance dans ce projet et pour sa préface. Ma gratitude va aussi à tous mes collègues français et argentins pour leurs pistes et conseils, aux archivistes et bibliothécaires des deux côtés de l'Atlantique pour leur disponibilité et à Martine Haudry et Juliette Douillet, patientes relectrices de mon manuscrit.

Enfin, par leur soutien, leur présence et par tout ce qu'ils m'ont apporté et m'apportent, je voudrais remercier mes proches : mes amis, ma famille, et – la plus petite – mais la plus importante, ma fille Elena.

Structures éditoriales du groupe L'Harmattan

L'Harmattan Italie
Via degli Artisti, 15
10124 Torino
harmattan.italia@gmail.com

L'Harmattan Hongrie
Kossuth l. u. 14-16.
1053 Budapest
harmattan@harmattan.hu

L'Harmattan Sénégal
10 VDN en face Mermoz
BP 45034 Dakar-Fann
senharmattan@gmail.com

L'Harmattan Cameroun
TSINGA/FECAFOOT
BP 11486 Yaoundé
inkoukam@gmail.com

L'Harmattan Burkina Faso
Achille Somé – tengnule@hotmail.fr

L'Harmattan Guinée
Almamya, rue KA 028 OKB Agency
BP 3470 Conakry
harmattanguinee@yahoo.fr

L'Harmattan RDC
185, avenue Nyangwe
Commune de Lingwala – Kinshasa
matangilamusadila@yahoo.fr

L'Harmattan Congo
67, boulevard Denis-Sassou-N'Guesso
BP 2874 Brazzaville
harmattan.congo@yahoo.fr

L'Harmattan Mali
ACI 2000 - Immeuble Mgr Jean Marie Cisse
Bureau 10
BP 145 Bamako-Mali
mali@harmattan.fr

L'Harmattan Togo
Djidjole – Lomé
Maison Amela
face EPP BATOME
ddamela@aol.com

L'Harmattan Côte d'Ivoire
Résidence Karl – Cité des Arts
Abidjan-Cocody
03 BP 1588 Abidjan
espace_harmattan.ci@hotmail.fr

Nos librairies en France

Librairie internationale
16, rue des Écoles
75005 Paris
librairie.internationale@harmattan.fr
01 40 46 79 11
www.librairieharmattan.com

Librairie des savoirs
21, rue des Écoles
75005 Paris
librairie.sh@harmattan.fr
01 46 34 13 71
www.librairieharmattansh.com

Librairie Le Lucernaire
53, rue Notre-Dame-des-Champs
75006 Paris
librairie@lucernaire.fr
01 42 22 67 13

www.ingramcontent.com/pod-product-compliance
Lightning Source LLC
LaVergne TN
LVHW010432230826
846092LV00009BA/1133

* 9 7 8 2 3 3 6 4 4 8 3 4 3 *